N
W
O
S
Trinity-River
Mississippi
New Orleans
Galveston Bucht
Galveston
on Mexiko
Karte des Staates
TEXAS
nach den zu Washington im Septbr. 1850 regulirten und durch die
Texanische Legislatur zu Austin bestätigten neuen Grenzen
herausgegeben vom Vereine zum Schutze deutscher Aus
wanderung in Wiesbaden, nebst Special Karten der
Vereinsbesitzungen, einem Panorama von Neu Braun
fels und einer Instruction für Auswanderer
Im eigenen Verlage des Vereins zu Wiesbaden.
1851.

KURT KLOTZBACH

Wagenspur nach Westen

Texas, nächst Alaska der größte Bundesstaat der USA, hat eine bewegte, wechselvolle Geschichte. Sie reicht von der Entdeckung Amerikas über die Expeditionen spanischer und französischer Abenteurer bis zum Befreiungskrieg gegen Mexiko, der im Heldenkampf um das legendäre Fort Alamo gipfelte.

Neun Jahre lang war Texas eine selbständige Republik, ehe es sich den USA anschloß. In diese Zeit fällt die Masseneinwanderung deutscher Siedler, die von 1842—1847 unter der Leitung des „Adelsvereins" in Wiesbaden Tausende von deutschen Familien in die junge Republik strömen ließ. Ihre Nachkommen leben noch heute dort. Die Geschichte dieser Jahre bietet eine erstaunliche Fülle an abenteuerlichen Geschehnissen. Betrügerische Landverkäufe gewissenloser Geschäftemacher, die Unfähigkeit des „Adelsvereins", der Kampf gegen die Wildnis und die sie beherrschenden Indianerstämme — kein Wunder, daß zahllose Pioniere dabei zugrunde gingen. Kurt Klotzbach, der beste Kenner der deutsch-texanischen Geschichte, weiß darüber interessant und kenntnisreich zu berichten.

KURT KLOTZBACH

Wagenspur nach Westen

Deutsche Pioniere in Texas

Mit Zeichnungen von
Werner Kulle

W. FISCHER-VERLAG · GÖTTINGEN

Karten: Werner Leske

Bildnachweis am Schluß des Buches

4. Auflage 1976: 24.–28. Tausend

ISBN 3 439 00957 2

Gesamtherstellung: Fischer-Offset-Druck, Göttingen

INHALT

GEFANGENE DER COMANCHEN

DER FRIEDENSVERTRAG

DIE LATEINISCHE KOLONIE

KLEIN-ELSASS AM MEDINA RIVER

RANGER, POSTREITER UND SHERIFF

NACHWORT

ANHANG

Das Siegel des Vereins. Der „Lone Star" (einsamer Stern), das Symbol der Republik Texas, ziert noch heute die texanische Flagge. Das Bündel Pfeile auf dem Siegel zeigt an, daß der Fisher-Miller-Grant von Indianern bewohnt ist.

Ein großes und reiches Land

Als Alaska im Jahre 1958 als 49. Bundesstaat in die USA aufgenommen wurde, lief es mit seinen 1 518 755 Quadratkilometern dem bisher flächenmäßig größten Staat Texas (692 408 Quadratkilometer) den Rang ab. Trotzdem nimmt Texas noch ein Zwölftel des US-Staatenkomplexes ein und umfaßt ein Gebiet wie Deutschland und Polen zusammen oder wie Deutschland, die Schweiz, Österreich, Ungarn und die Tschechoslowakei. Selbst Frankreich, das größte Land Westeuropas, kommt nur auf 550 986 Quadratkilometer, und auch zweimal Italien ergibt noch kein Texas. Das Vereinigte Königreich Großbritannien und Nordirland geht sogar dreimal in dem südlichen US-Bundesstaat auf.

Natürlich sind auch die Entfernungen gewaltig. Wer Texas nicht selbst einmal durchquert hat, kann sich kaum eine Vorstellung von den riesigen Strecken machen, die man bewältigen muß, um von einer Stadt zur anderen zu gelangen. Von El Paso, der westlichsten Stadt unmittelbar an der mexikanischen Grenze, bis Beaumont im Osten an der Grenze von Louisiana beträgt die Luftlinie 1 300 Kilometer. Das ist so weit wie von Mannheim nach Warschau. Zwei Flüsse, der Brazos River und der Colorado River (der zweite Fluß dieses Namens), sind länger als der Rhein. Sie entspringen in Texas und münden in den Golf von Mexiko, ohne Texas verlassen zu haben.

Oft benötigt man mehrere Tage, um von einer Stadt zur anderen zu fahren. Von San Antonio nach Houston scheint es auf der Karte nur ein Katzensprung. In Wirklichkeit liegen beide Städte 202 Meilen (323 Kilometer) auseinander. Das entspricht der Entfernung von Köln nach Bremen. Von Dallas nach El Paso ist es weiter als von Berlin nach Paris.

Wenn auch sein Land seit einigen Jahren der Größe nach von Alaska überflügelt wird, eins kann dem Texaner niemand streitig machen: neben den 13 Kolonien, die die Unabhängigkeitserklärung unterzeichneten, ist Texas das einzige Territorium, das als selbständig existierender Staat in die Union aufgenommen wurde. Es wurde nicht erobert wie andere Staaten, beispielsweise Kalifornien, sondern schloß mit den USA einen Vertrag, der mit den Worten beginnt: „Zwischen den beiden vertragschließenden Mächten wurde folgendes vereinbart ..." Schon die kleinen Texaner lernen dieses wichtige Kapitel ihrer Geschichte in der Schule.

Es gibt sogar eine Klausel in dem Vertrag von 1846, die Texas das Sonderrecht einräumt, „das Land in fünf autonome Staaten aufzuteilen und eine eigene Armee aufzustellen". Doch großzügig, wie die Texaner sind, werden sie von diesem Privileg kaum jemals Gebrauch machen.

Seit der Loslösung von Mexiko im Jahre 1836 wird die Selbständigkeit bei den Texanern großgeschrieben. Man vergißt niemals die der Unabhängigkeitserklärung folgenden neun Jahre der Republik Texas. Noch heute, fast 140 Jahre danach, fühlen sich die Texaner als Bürger einer großen Republik, eines eigenen Reiches und nicht als Mitglieder des großen Staatenbundes. So verwundert es nicht, wenn Texaner, die einen Abstecher in das benachbarte Kansas, Oklahoma oder New Mexico machen, sagen: „Wir fahren in die Vereinigten Staaten."

Ebenso gewaltig wie die Ausdehnung des Landes ist der Reichtum an Bodenschätzen, der den schnellen industriellen Aufschwung ermöglicht hat, sowie die vielseitige Landwirtschaft, zu der auch die noch heute an erster Stelle stehende Viehzucht zu zählen ist. Es gibt in Texas ebenso viele Rinder wie Einwohner. Bei der letzten Viehzählung am 1. Januar 1971 erfaßte man 12 578 000 Rinder. Etwa elf Prozent der Schlachtrinder in den USA werden in Texas gezüchtet.

Die Viehzucht ist über das ganze Land verbreitet. Im Norden mündet der Staat ins Prärieland mit seinen typischen Formen der Viehhaltung. Ganz im Süden, bei Corpus Christi, befindet sich die größte Ranch, die King Ranch des Deutschamerikaners Kleberg. Der Urgroßvater des jetzigen Besitzers, Robert Justus Kleberg, wanderte 1834 von Westfalen nach Texas aus. Als Richard King, der die Ranch 1853 gründete, 1885 starb, stellte seine Witwe Kleberg als Ranch-Manager ein. Kurze Zeit später heiratete Robert Justus Kleberg die Tochter Richard Kings. Heute ist Klebergs Urenkel der Besitzer der Ranch, die rund eine Million Acre (400 000 Hektar) umfaßt und damit mehr als viermal so groß wie das Bundesland Hamburg ist. 500 000 Rinder grasen auf den endlosen Weiden, und die Entfernung von einem Ende zum andern ist so groß wie von München nach Ulm. Fünfhundert Kilometer Weidezaun unterteilen das Gebiet.

Die Umzäunung der Weidegründe, die seit 1880 immer mehr vorangetrieben wurde, hat der Wildwestromantik zwar den romantischen Hauch genommen, doch bestimmt der Cowboy nach wie vor das Bild der texanischen Landschaft. Fährt man mit dem Auto über die Bundesstraßen des Südwestens, sieht man sie überall bei der Arbeit, die Männer mit den breitkrempigen Hüten und bunten Hemden, die sich wie farbige Tupfen inmitten der großen Rinderherden ausnehmen.

Mitteltexas gehört zum „Baumwollgürtel". Gut ein Drittel der in den Vereinigten Staaten geernteten Baumwolle stammt aus Texas. Sonst gedeihen in Südtexas tropische Gewächse: Südfrüchte, Pekannüsse, Gemüse und Reis. Im Norden wird die Viehzucht durch intensiven Getreideanbau ergänzt.

Aber als ob die blühende Land- und Viehwirtschaft den großen Ansprüchen des Landes nicht genüge, ragen aus dem Boden Tausende von Bohrtürmen empor. Ein Drittel der

US-Produktion an Erdöl kommt aus Texas. Sein Boden ist von rund 190 000 Sonden durchbohrt. 25 000 werden jedes Jahr neu gebohrt, aber etwa ebenso viele versiegen und werden verlassen. Die Quellen von Texas liefern im Durchschnitt 1,3 Miliarden Barrel Erdöl im Jahr. Da ein Barrel 42 Gallonen zu je 3,75 Liter enthält, kommt dies einem Volumen von 207 Milliarden Litern gleich, die ein Gewicht von mehr als 178 Millionen Tonnen und einen Wert von vier Milliarden Dollar repräsentieren. Damit produziert Texas halb soviel Erdöl wie die UdSSR.

Das grüne Gold der Erde wird heute an Ort und Stelle in eine Vielzahl von Produkten verarbeitet. Neben den Bohrtürmen bestimmen gewaltige Raffinerien, Fabrikschlote und langgestreckte Werkhallen über weite Strecken den Charakter des Landschaftsbildes. Schwefel und Helium sind andere wichtige Minerale. In Amarillo befindet sich das wichtigste Heliumwerk des Landes.

Die Bevölkerung in Texas nimmt jährlich um 1,6 bis 2 Prozent zu. Die Volkszählung von 1970 ergab 11 196 730 Einwohner. 1960 waren es noch 9 579 677 und 1950 7 711 194 gewesen.

Auch der Anteil der farbigen Bevölkerung ist beachtlich. 1970 verzeichnete das US Census Bureau 1 419 677 Neger, 200 004 Mexikaner und 18 132 Indianer (insgesamt gab es 1970 in den USA 791 839 Indianer). Da die Zahl der Bevölkerung monatlich um etwa 19 000 zunimmt, glaubt man, bis spätesten 1985 die Fünfzehn-Millionen-Grenze erreicht zu haben.

Mit seiner Bevölkerungsdichte rangiert Texas an fünfter Stelle in den USA und wird nur von den Staaten New York, Kalifornien, Pennsylvanien und Illinois übertroffen. Es besitzt mehr Farmen (über 380 000) und eine größere Fläche bebauten Bodens als jeder andere US-Staat und erzielt daraus ein Einkommen von rund drei Milliarden Dollar, das zwar von Kalifornien, Illinois und Iowa fast eingeholt, aber nirgends übertroffen wird. Auch die Ernteerträge, die Texas an Getreide, Erd- und Pekannüssen und Edelmelonen (Cantaloupes) erzielt, sind die höchsten in den Vereinigten Staaten.

Deutsche Einwanderer haben in besonderem Maße an der Kolonisierung des Staates Texas mitgewirkt. In den vierziger bis sechziger Jahren des vorigen Jahrhunderts begannen sie zu Tausenden über das große Wasser nach drüben zu ziehen, auf der Suche nach einer neuen Heimat. Politische Ereignisse, Revolution, wirtschaftlicher Tiefstand, Unterdrückung der persönlichen Freiheit und religiöse Auseinandersetzungen ließen Woge auf Woge deutschsprechender Menschen nach Texas rollen. Zunächst vereinzelt und in Gruppen, ganze Familien und dann ganze Dörfer. Sie nahmen Strapazen und Entbehrungen auf sich, zogen monatelang mit ihren Planwagen durch feindliches Indianerland, bis sie eine geeignete Stelle fanden, um eine Kolonie zu gründen.

Viele von ihnen erreichten ihr Ziel nicht. Hunger, Krankheiten und Epidemien rafften Hunderte hinweg, andere starben durch die Pfeile der wilden Comanchen-Indianer. Die vielen Holzkreuze entlang der Wegstrecke berichteten vom Schicksal dieser armen Menschen, die das Land ihrer Hoffnung nie erblicken sollten.

Groß war dennoch die Zahl der Überlebenden. Sie kämpften zäh und verbissen um jeden Zentimeter ihres neuen Heimatbodens, schlossen schließlich einen Friedensvertrag mit den Indianern und errichteten die ersten Städte. So schufen sie Texas, und was sichtbar wurde, war erstaunlich: greifbar deutlich wurde der Einfluß auf Kultur, Politik und Wirtschaft, den deutsche Menschen in Texas genommen haben. Noch 1843 war das deutsche Element in Texas so stark, daß alle Verordnungen, Gesetze und amtlichen Bekanntmachungen in Deutsch und Englisch veröffentlicht werden mußten. 1842 wurde in einem Erlaß außerdem festgelegt, daß niemand an der Herman-Universität unterrichten durfte, der neben Englisch nicht auch Deutsch beherrschte.

Das Deutschtum hat sich bis heute in den Kolonien erhalten. Besucht man Orte wie Fredericksburg, New Braunfels oder das elsässische Castroville, so glaubt man sich in alte deutsche Kleinstädte versetzt, in denen geschäftstüchtige Amerikaner ein paar supermoderne Selbstbedienungsläden eröffnet haben. Ihre Einwohner geben sich deutscher, als wir es in Deutschland tun. Ihre Vorfahren sind in den vierziger und fünfziger Jahren des vorigen Jahrhunderts von Deutschland nach Texas ausgewandert. Obwohl von den jetzigen Bewohnern kaum einer die alte Heimat jemals gesehen hat, sprechen sie noch deutsch, pflegen deutsches Brauchtum und singen alte deutsche Volkslieder.

Es gab Gruppen deutscher Auswanderer, die über Jahrhunderte ihr Deutschtum in der Art ihrer Väter bewahrt haben, wie die Wolga- und Balkandeutschen oder die Deutschen in Polen. Sie verpflanzten Sitten und Gebräuche ihrer Heimat in ein neues Land und bildeten geschlossene Gruppen für sich.

Anders ist es bei den Deutschen in Texas. Sie haben enge Kontakte zur Umwelt, sind bewußte Staatsbürger der USA geworden und doch Deutsche geblieben.

Bewegte Geschichte

Entdecker und Missionen

Vor fast fünfhundert Jahren kam Texas zum erstenmal mit der Zivilisation in Berührung. Spanische und französische Entdecker und Eroberer tauchten damals an den Küsten des Golfs von Mexiko auf. 1519 war es Alonzo Alvarez de Pineda, ein Spanier, der den Verlauf der gesamten Golfküste einschließlich der des heutigen Bundesstaates Texas aufzeichnete und die ersten genauen Karten von diesen Gebieten anfertigte. Einige Jahre später gründete er an der Mündung des Rio Grande eine Kolonie, die aber schon bald wieder verlassen wurde.

Panfilo de Narvaez strandete 1528 mit einer 240 Mann starken Expedition in den gefährlichen Sümpfen von Florida. Das Schiff ging verloren, und in wochenlanger harter Arbeit zimmerten die Männer aus Baumstämmen fünf große Flöße, mit denen sie wie Galeerensträflinge gegen die mörderischen Fluten des Golfes ankämpften. Doch nur wenigen von ihnen gelang es, die texanische Küste zu erreichen. Irgendwo in der Matagorda-Bucht, Galveston oder Padre Island — die genaue Stelle wird sich nie feststellen lassen — wurden sie an Land gespült. Die meisten ertranken in der stürmischen See.

Alvarez Núñez Cabeza de Vaca und zwei weitere Expeditionsteilnehmer überlebten zwar das Inferno, doch es gelang ihnen erst nach unmenschlichen Entbehrungen — die feindlichen Karankawa-Indianer, ein Kannibalenstamm, hielten sie mehrere Jahre gefangen —, zu fliehen und ihre Haut in Sicherheit zu bringen.

Nach monatelangem Marsch durch die sonnenversengten Prärien des Südwestens erreichten sie endlich eine spanische Ansiedlung. Die Bewohner pflegten die völlig Erschöpften erst einmal gesund, ehe sie ihnen nach Ciudad de Mexico weiterhalfen.

Dort erregten Cabeza de Vacas Berichte über die angeblichen „Sieben Städte von Cibola" großes Aufsehen.

„Überall, wohin ich kam, erzählten mir die Indianer, daß man in diesen Städten das pure Gold nur so vom Boden aufzuheben braucht, um sich die Taschen damit zu füllen und reich zu werden", schilderte Cabeza de Vaca in solch packender Weise, daß bald jeder fest an die goldenen Schätze glaubte.

Selbst der damalige spanische Vizekönig in Mexiko, Antonio de Mendoza, sah sich durch die Berichte Cabeza de Vacas veranlaßt, eine Expedition unter Führung von Francisco Vasquez de Coronado auszurüsten, die nach den sieben Städten suchen und sie für das spanische Mutterland erobern sollte. Aber Coronado fand weder die reichen Städte noch ein einziges Körnchen Gold, obgleich er den größten Teil des heutigen US-Bundesstaates Neu-Mexiko und die Prärien von West-Texas durchquerte und schließlich sogar bis zur Grenze von Kansas vorstieß.

Der Mißerfolg Coronados konnte die land- und goldhungrigen Spanier aber nicht davon abhalten, weitere Expeditionen in diese Gebiete zu entsenden. 1605 wurde die Hauptstadt von Neu-Mexiko, Santa Fé, gegründet. Sie ist die zweitälteste Siedlung der Vereinigten Staaten.

Antonio de Espejo führte bereits 1582 ein Expeditionsunternehmen quer durch Texas, um das Gebiet vom Big Bend bis zum Rio Pecos zu erforschen. Der erste Versuch, Missionsstationen in den Indianergebieten zu errichten, wurde jedoch von Coronado unternommen. Einer seiner Missionare war Pater Juan Padilla. Er blieb bei den Indianern zurück und wurde später von ihnen getötet.

Noch einmal tauchte in Texas eine kleinere Expedition auf, die von Luis Moscoso de Alvarado angeführt wurde. Er hatte eine Gruppe von Männern um sich geschart, die früher der Expedition Hernando de Sotos, des Entdeckers von Florida, angehört hatten. De Soto hatte Ost- und Zentral-Texas durchquert und kam 1542 am Mississippi zu Tode. Alvarado stieß mit seinen Leuten bis zum Brazos River vor und kehrte dann zum Mississippi zurück.

Die genannten Expeditionen sind insoweit von historischer Bedeutung, als sie die Entwicklung des späteren Staates Texas beeinflußten. Lange Zeit vernachlässigten die Spanier Texas, da sie dort keine Reichtümer scheffeln konnten wie in Mexiko. Erst als sich die Franzosen plötzlich an Texas interessiert zeigten und versuchten, im Osten des Landes Fuß zu fassen, horchten die Spanier auf.

La Salle und ein deutscher Pirat

Nach der spanischen wehte nun auch die französische Flagge über Texas. René Robert Cavelier, Sieur de la Salle, der Entdecker und Gründer des Staates Louisiana (benannt nach Ludwig XIV.), brachte sie aus Europa mit. Die La-Salle-Expedition hatte sich zum Ziel gesetzt, die Mississippi-Mündung zu erforschen und eine französische Kolonie zu errichten.

Die Meinungen gehen heute noch auseinander, ob ein verhängnisvoller Fehler der Navigation daran schuld war, daß La Salles Flotte – die „Joli", die „Aimable" und die „La Belle" – an der Mündung des Mississippi vorbeifuhr, oder ob die Schiffe in einen Orkan gerieten, der sie weiter nach Westen an die texanische Küste trieb.

Daneben gibt es auch Hinweise dafür, daß La Salle mit Absicht an der Mississippimündung vorbeisegelte, um irgendwo im Westen von Texas ein schlagkräftiges Fort gegen die Spanier zu errichten.

Fest steht, daß La Salle mit 186 Menschen, darunter 18 Frauen und 17 Kinder, am 18. Februar 1685 in der Matagorda-Bucht landete. Zu Ehren seines Königs Ludwig XIV. gründete er das Fort Saint Louis und unternahm von hier aus mehrere Expeditionen. Einige führten in den Westen, vermutlich in der Hoffnung, die Gold- und Silberminen der Spanier zu entdecken. Aber er hatte keinen Erfolg.

Der Tod hielt reiche Ernte unter den 186 Menschen, die in der Matagorda-Bucht an Land gegangen waren. Von Februar bis Oktober starben vierzig von ihnen. Die harte Arbeit in dem subtropischen Klima führte bei den weniger Widerstandsfähigen schnell zur Erschöpfung und öffnete Krankheiten und Seuchen Tür und Tor.

Das Gelbfieber raffte viele dahin, andere starben am Biß der Klapperschlange oder wurden von Alligatoren zerrissen, wieder andere fielen den Pfeilen umherstreifender Indianer zum Opfer, die überall im Hinterhalt lauerten und jeden Jagdstreifzug zu einem gefährlichen Unternehmen machten. Schließlich bestand die Kolonie noch aus siebenundvierzig Menschen.

Die Lage wurde immer verzweifelter, und La Salle entschloß sich schließlich, vom Illinois Hilfe zu holen. Er brach mit zwanzig Leuten auf, unter ihnen befanden sich seine beiden Neffen Clever de Moragnet und Colin Cavelier, sein Bruder Jean Cavelier, der Priester Pierre Joutel, Paul Saget, Leutnant Duhaut und sein schwarzer Diener L'Archevêque de Marne, der Arzt Liotot, Tessier, der Indianer Nika und der Deutsche Michel Heins.

Dieser Heins war vermutlich der erste Deutsche in Texas; sein Vorname wird mit Michel oder Michael überliefert. Er befand sich unter zwanzig Leuten, die La Salle für eine Expedition von Fort Saint Louis aus zum Illinois aussuchte.

Heins war eine recht zwielichtige Existenz, der seinem Namen als Deutscher wenig Ehre machen sollte. Ursprünglich soll er Wundarzt in der Gegend von Hamburg gewesen sein, sich aber schon bald dem einträglicheren Geschäft des Piraten zugewandt haben. Als er den Bauern an der Nordseeküste das Vieh durch das Wattenmeer davontrieb, verurteilte man ihn zum Tode „durch Vierteilung". Der listige, mit allen Wassern gewaschene

Pirat verstand es aber, Frau Justitia durch die Maschen zu schlüpfen, und entkam mit irgendeinem Piratenschiff, das ihn nach Amerika verschlug.

La Salle hatte viele Neider und Feinde in seinen Reihen. Sein größter Widersacher war jedoch Leutnant Duhaut. Er haßte La Salle, weil er glaubte, daß dieser am Tode seines jüngsten Bruders schuld sei.

Schließlich faßte Duhaut den Plan, La Salle umzubringen, und zog Dr. Liotot, Heins, Tessier und seinen schwarzen Diener De Marne ins Vertrauen.

„Zunächst müssen wir uns La Salles Freunde Moragnet, Saget und Nika vom Halse schaffen", sagte Duhaut, und die übrigen Teilnehmer an dem Komplott nickten beifällig.

Nachts, als Moragnet, Saget und Nika schliefen, wurden sie von Dr. Liotot mit einem Beil erschlagen. Der Indianer Nika und Saget waren sofort tot. Als Moragnet noch Lebenszeichen von sich gab, zwangen die Verschwörer den Schwarzen De Marne, das blutige Werk zu vollenden. Am nächsten Tag, dem 20. März 1687, erschoß Duhaut La Salle aus dem Hinterhalt.

Doch schon bald gerieten die Verschwörer über die Beute in Streit. Jeder von ihnen wollte den größten Anteil aus der Hinterlassenschaft La Salles. Es kam zu einem Handgemenge. Heins griff zur Waffe, schoß Duhaut in den Kopf und tötete ihn auf der Stelle.

Nachdem der Hauptverschwörer aus dem Wege geräumt war, zog sich der deutsche Pirat Heins die scharlachrote Uniform des ermordeten La Salle an und übernahm das Kommando über den Rest der Kolonie, das ihm niemand der verzweifelten, kranken und halbverhungerten Menschen streitig machte.

Im Besitz des Geldes, der Juwelen und der Uniform La Salles, aber auch einer großen Menge von Feuerwaffen, wähnte sich der Deutsche jahrelang als unumschränkter Herrscher an den Ufern des Trinity. Ein ruheloser Geist, der nirgendwo Fuß faßte. Eine Abenteurernatur, die es sogar fertigbrachte, die bis dahin friedliebenden und ackerbautreibenden Cenis-Indianer zum Kampf gegen ihre Nachbarstämme aufzuwiegeln und zu ihrem Untergang beizutragen.

Danach schloß sich Michel Heins einer Freibeuterflotte an, die viele Jahre die Karibische See unsicher machte und dem englischen und französischen Handel empfindliche Verluste beibrachte.

Schließlich wurde der deutsche Land- und Seeräuber bei Santo Domingo von einem Farmer erwischt, als er diesem einige Rinder stehlen und davontreiben wollte. Der spanische Ranchero erschoß Heins auf der Stelle.

Doch zurück zum Fort Saint Louis und der französischen Kolonie. Als die Indianer hörten, daß La Salle tot war, seine Gefolgsleute sich untereinander aufgerieben und der Rest sich in alle Winde verstreut hatte, griffen sie das Fort an und metzelten die übriggebliebenen Kolonisten nieder. Nur drei Söhne und eine Tochter eines Monsieur Talon sowie einen jungen Mann namens Breman verschonten sie und machten sie zu ihren Gefangenen. Sie sollen später in den Stamm aufgenommen worden sein. Über ihr weiteres Schicksal ist nichts bekannt.

Texas erhält seinen Namen

Den Rest besorgte eine Expedition unter dem spanischen Capitán Alonso de León, dem Gouverneur von Coahuila. Sie zog 1689 aus, um das Fort Saint Louis zu zerstören und die Franzosen gefangenzunehmen. An der Expedition nahm auch Pater Massanet teil, dem die Aufgabe zufiel, in Texas eine Mission zu errichten. Als die Männer 1690 das Fort erreichten, sahen sie, daß die Indianer bereits ganze Arbeit geleistet hatten.

Dicht am Fluß baute man die erste Missionsstation, „San Francisco de los Tejas“, eine weitere folgte wenig später unter dem Namen „Santisimo Nombre de Maria“. Beide Missionen wurden aber nur einige Jahre lang von einer Handvoll Soldaten und einigen Priestern aufrechterhalten. Dann ließ die Furcht

der Spanier, die Franzosen könnten einen neuen Versuch unternehmen, in Texas Fuß zu fassen, wieder nach. Man gab die Missionen auf.

Geblieben ist von dieser Expedition lediglich der Name „Texas“. Auf der Suche nach dem Fort Saint Louis fragte ein Expeditionsteilnehmer einen des Wegs kommenden Indianer nach dem Namen seines Stammes und erhielt die Antwort: „Tejas.“ Das Wort bedeutet soviel wie „Freunde“ oder „Verbündete“. Eine Stammesgruppe der Caddo-Indianer wurde so genannt.

Die Spanier jedoch übertrugen den Namen auf das Land zwischen Rio Grande und Red River, den heutigen US-Bundesstaat Texas.

Der Vizekönig von Ciudad de Mexico befahl 1718 die Errichtung eines Forts auf halbem Wege zwischen den Missionen in Ost-Texas und den Forts im nördlichen Mexiko. So wurde bei San Pedro Springs mit dem Bau einer Mission und eines Forts begonnen, daraus entstand die heutige Stadt San Antonio. Die Mission nannte man San Antonio de Valero, das Fort San Antonio de Bexar.

San Antonio de Valero kann als Vorläufer der Mission Alamo bezeichnet werden, wenn diese in ihrer heutigen Struktur auch erst 1754 errichtet wurde und einen anderen Standort erhielt. Tatsächlich handelt es sich bei dem jetzigen Alamo-Gebäude auch nicht um eine Mission, sondern um eine Kapelle, die zur ehemaligen Mission de Valero und vermutlich noch zu anderen Missionen gehörte.

Das spanische Wort „alamo“ bedeutet „Pappel“. Die Legende berichtet zwar von einem Pappelgehölz, das sich nahe der Mission befunden haben soll, doch scheint der Name mit ziemlicher Sicherheit auf eine Kompanie Soldaten zurückzugehen, die aus „Alamo de Parras“ in Mexiko stammte und während des spanisch-mexikanischen Unabhängigkeitskrieges längere Zeit in der Mission in San Antonio Quartier bezogen hatte.

Land ohne Volk

Vor 1820 war Texas ein Teil Mexikos unter spanischer Herrschaft. Die ersten weißen Ansiedlungen waren die katholischen Missionen. Sie hatten die Aufgabe, die wilden Indianerstämme, die bis dahin unumschränkte Herren des weiten Landes gewesen waren, zu christianisieren.

Ein Land mit großen Kolonisierungsplänen wie Spanien hielt natürlich ein wachsames Auge auf seine eroberten Territorien. Die Franzosen, die, wie berichtet, 1685 die Kolonie St. Louis an der Matagorda-Bucht errichteten, wurden schon bald von den Indianern vertrieben, Fort und Ansiedlung wurden zerstört, doch der Kampf des landhungrigen weißen Mannes um weitere Kolonialgebiete hatte begonnen.

San Antonio de Bexar, die heutige Stadt San Antonio, wurde 1718 von Einwanderern gegründet, die von den Kanarischen Inseln kamen. Die Stadt wurde Mittelpunkt der spanischen Militäroperationen und erhielt deshalb eine Garnison. Die vier Missionen von San Antonio, deren Außenmauern noch heute erhalten sind, wurden erst einige Jahrzehnte später errichtet.

Dreiundfünfzig Abenteurer verschiedener Nationalität landeten 1821 an der texanischen Küste. Sie kamen aus New Orleans im Staate Louisiana, den die Vereinigten Staaten 1803 den Franzosen für 15 Millionen Dollar abgekauft hatten. Die Männer drangen ins Innere des Landes vor, erreichten das Städtchen Goliad und wurden hier von spanischen Truppen aufgegriffen. Da sie nachweisen konnten, daß sie als Kolonisten und nicht als Soldaten gekommen waren, ließ man sie wieder frei und erlaubte ihnen, sich anzusiedeln.

Im Staatsarchiv der Hauptstadt Austin sind die Namen der 53 Abenteurer verzeichnet, unter ihnen sechs Deutsche: Eduard Hanstein, Joseph Dirksen, Ernst von Rosenberg, Wilhelm Müller, Karl Kuans und Casper Porton. Sie waren vermutlich die ersten deutschen Siedler in Texas.

Als Mexiko 1821 seine Unabhängigkeit von Spanien erlangte, begann die Kolonisierung von Texas in gewaltigem Ausmaß. Damals schloß der Amerikaner Moses Austin den ersten Kolonisationsvertrag mit der mexikanischen Regierung. Nach seinem Tode vollendete sein Sohn Stephen Fuller Austin das Werk. Der große Strom der amerikanischen Einwanderer setzte ein.

Stephen F. Austin, damals 28 Jahre alt, erhielt von den Mexikanern die Genehmigung, 300 Familien anzusiedeln. Er war der erste „Impresario" oder Agent, dem nach dem neuen Kolonisationsgesetz der Mexikaner ein sogenannter „Land-Grant" zur Ansiedlung der Familien zugesprochen wurde.

In den nächsten zehn Jahren wurden Austin weitere tausend Landtitel zugebilligt, und die Zahl der Bevölkerung in der von ihm gegründeten Kolonie im heutigen Austin-County stieg auf 5 000 an.

Außer Stephen F. Austin schlossen noch weitere zwölf Landagenten Kolonisationsverträge mit der mexikanischen Regierung. Von 1821 bis 1836 erhöhte sich die Bevölkerungszahl auf rund 50 000. Die Mexikaner waren großzügig. Sie brauchten dringend Menschen in dem Land ohne Volk und verschenkten an alle, die nachweisen konnten, daß sie charakterlich einwandfrei waren, mexikanische Staatsbürger werden und zum katholischen Glauben übertreten wollten, Grund und Boden.

Austin im Gefängnis

Hätte General Antonio López de Santa Ana, der 1833 Präsident und Diktator von Mexiko wurde, es verstanden, die Freundschaft der Amerikaner zu gewinnen, es wäre kaum jemals in Texas zu einer Revolte gegen Mexiko gekommen. Die ständigen militärischen Auseinandersetzungen im eigenen Lande, von denen zwischen 1821 und 1836 eine die andere jagte, schwächten die mexikanische Regierung jedoch derart, daß eine ordentliche Verwaltung nach Gesetz und Recht nicht mehr möglich war.

Die Politik der mexikanischen Zentralregierung gegenüber Texas wurde von Intriganten und militärischen Heißspornen bestimmt. Sie führte schließlich dazu, daß der Kongreß am 6. April 1830 ein Gesetz verabschiedete, das mit sofortiger Wirkung jede weitere Ansiedlung von Amerikanern in Texas verbot. Außerdem sollten mexikanische Strafgefangene in Texas angesiedelt werden. Man erhob die Forderung, daß künftig alle Siedler Katholiken sein mußten. Eine harte Forderung, da die meisten Amerikaner Protestanten waren.

Als die mexikanische Regierung schließlich so weit ging, Truppen in Texas zu stationieren und auf alle Waren, die bisher zollfrei aus den USA eingeführt worden waren, hohe Zölle zu erheben, damit die Stationierungskosten für die Truppen gedeckt werden konnten, begannen die Siedler zu rebellieren. Die gemeinsame Verwaltung des Staates Texas und des Nachbarstaates Coahuila hatte gleich zu Beginn zu großen Schwierigkeiten in allen verwaltungstechnischen Fragen geführt, so daß sich die Texaner auf ihre Konvention in San Felipe de Austin beriefen. Dort hatte man eine Petition abgefaßt, die den Texanern Erleichterungen bringen sollte. Unter anderem plante man eine eigene Verwaltung für Texas, die Einführung der englischen Sprache als zweite Amtssprache neben der spanischen und die Aufhebung des diskriminierenden Gesetzes von 1830.

Einige Tage nach dem Amtsantritt Santa Anas als Präsident von Mexiko berief man in Texas eine zweite Konvention ein. Es wurden zwar die gleichen Resolutionen wie auf der ersten angenommen, doch erschienen mehrere neue Delegierte, unter ihnen auch Sam Houston, der spätere Präsident von Texas.

Es wurde eine provisorische Verfassung für den Teilstaat Texas ausgearbeitet, mit der Stephen F. Austin nach Mexico City reiste, um sie zusammen mit den Vorschlägen der Siedler dem Präsidenten Santa Ana zu unterbreiten.

Die Verhandlungen zogen sich einige Monate hin. Austin, der die ganze Zeit in Mexico City wartete, wurde schließlich ungeduldig und schrieb einen Brief an seine Landsleute in Texas, in dem er sie aufforderte, die Vorbereitungen für eine Lostrennung von Coahuila voranzutreiben. Die Mexikaner fingen den Brief ab und steckten Austin ins Gefängnis.

General Santa Ana tat ein übriges, um das Feuer der Revolition auch noch zu schüren, indem er die mexikanische Verfassung von 1824 aufhob. Die Behörden und Verwaltungen der Teilstaaten von Mexiko wurden ihrer Ämter enthoben, und nur noch Zacatecas, Coahuila und Texas blieben übrig, die mit der neuen Staatsform Santa Anas nicht einverstanden waren.

Eine Armee, die von General Martin Perfecto de Cos, einem Schwager Santa Anas, befehligt wurde, sollte zuerst Coahuila unterwerfen und dann nach San Antonio marschieren, um die Texaner zur Vernunft zu bringen. Das war die Situation, die Austin vorfand, als ihn die Mexikaner aus dem Gefängnis entließen und er nach Texas zurückkehren durfte.

Es begann in Gonzales

Überall im Lande gärte und brodelte es. Dann kam es am 2. Oktober 1835 zum ersten größeren Zwischenfall. In dem Städtchen Gonzales, südöstlich von San Antonio, stand seit Jahren ein altes Geschütz, das den Siedlern von den Mexikanern als Verteidigungswaffe gegen räuberische Indianer zugesprochen worden war. Keiner der Siedler entsann sich, daß die Kanone jemals eingesetzt worden war, und die meisten von ihnen zweifelten daran, daß sie funktionieren würde.

Trotz allem schienen sich die mexikanischen Soldaten beim Anblick der Kanone nicht ganz wohl zu fühlen, und so forderte Oberst Domingo de Ugartechea ihre Rückgabe mit dem Hinweis, daß das Geschütz nur eine Leihgabe der Mexikaner an die Siedler, nie aber ein Geschenk an die Texaner gewesen sei.

Die Texaner wußten nur zu gut, daß die mexikanischen Truppen ihre Entwaffnung im Schilde führten. Sie scharten sich

um die Kanone und schwenkten herausfordernd eine Flagge, auf die sie die Worte „Come and take it" (Kommt und holt sie euch) geschrieben hatten.

Am nächsten Morgen setzten die Texaner im Schutze einer dünnen Nebelwand zum Sturmangriff gegen die Mexikaner an, daß diesen Hören und Sehen verging. Und als sie dann schließlich noch die alte Kanone einsetzten, von der niemand mehr geglaubt hatte, daß sie noch losginge, waren die mexikanischen Soldaten bald in alle Winde zerstreut. Zurück blieben ein toter Mexikaner und ein verwundeter Texaner.

Wenn auch schon früher einige Scharmützel zwischen Mexikanern und Texanern stattgefunden hatten, so muß das Gefecht von Gonzales doch als das erste bezeichnet werden, das das Feuerrad der texanischen Revolution in Bewegung setzte, die schließlich ihren Höhepunkt in der Schlacht um Alamo fand.

Sturm über Alamo

Dreizehn Tage lang währte der erbitterte Kampf um die zum Fort von San Antonio ausgebaute Mission Alamo. Vom 23. Februar bis zum 6. März 1836 hatten sich 188 tapfere Männer in ihr verschanzt und kämpften wie die Teufel gegen eine Übermacht von 5 000 mexikanischen Soldaten. Am dreizehnten Tag, einem Sonntag, als der Ruf nach Hilfe ungehört verhallt war, wurde das Schicksal der 188 Männer besiegelt. Die Mexikaner stürmten das Fort und metzelten seine Besatzung bis auf den letzten Mann nieder.

Wer waren jene Männer, die in der Schlacht um Alamo ihr Leben für die Freiheit von Texas opferten? Viele von ihnen kamen, wie die berühmten Westmänner David Crockett und James Bowie, aus den Vereinigten Staaten. Aber nicht alle waren Amerikaner. 36 kamen von den Britischen Inseln, 14 aus Irland, und auch zwei Deutsche und ein Däne waren unter ihnen.

Bei den Deutschen handelte es sich um die Westfalen Henry Courtman (Heinrich Kortmann), 28 Jahre alt, und Henry Thomas, 25 Jahre alt. Beide waren eingewandert und hatten sich in New Orleans den beiden Kompanien der „Greys" unter Captain H. Breece angeschlossen. Ein Bruder Kortmanns, Georg F. Kortmann, fiel bei den Kämpfen in Goliad.

Man muß sich schon in jene Zeit versetzen, wenn man die Männer verstehen will, die sich in Fort Alamo zu einer verschworenen Gemeinschaft zusammengeschlossen hatten. Alle Siedler in Nordamerika suchten ihre persönliche und politische Freiheit. Santa Ana, der Präsident von Mexiko, hatte aber mit seinen Truppen im eigenen Land alle freiheitlichen Bestrebungen rücksichtslos niedergestampft und die Revolte von Zacatecas im Mai 1835 im Keim erstickt. Es bestand kein Zweifel, daß er auch rücksichtslos gegen die 20 000 aufbegehrenden Kolonisten vorgehen würde, die sich seit 1821 mit Billigung der Mexikaner in Texas angesiedelt hatten.

Die Männer von Alamo mochten aus vielerlei Gründen nach Texas eingewandert sein, sei es, um Grund und Boden zu erwerben, um ihr Glück zu machen, oder aber auch, um der wachsenden Schuldenlast in der alten Heimat zu entkommen. In einem waren sie sich jedoch alle einig: mit ganzer Kraft würden sie sich gegen die Tyrannei Santa Anas stellen und, wenn es sein mußte, ihr Leben der Freiheit des Landes opfern. „All for Texas and Texas forever!" (Alles für Texas — es lebe Texas!) hieß ihre Devise.

Es waren aber nicht nur die 5 000 mexikanischen Soldaten, die die Lage der Verteidiger so aussichtslos machten. Eine endlose Prärie umgab San Antonio. Nach allen Seiten öffnete sich Tausende von Meilen weit eine trostlose Wildnis, die von räuberischen Indianern durchstreift wurde.

Nach Westen erstreckte sich in einer Länge von 150 Meilen dorniges Buschwerk bis zum Rio Grande. 70 Meilen östlich lag Gonzales, dazwischen gab es kaum ein Blockhaus, kaum eine Ansiedlung und weder Straßen noch Wege.

Das schlimmste waren die persönlichen Sorgen der Siedler. Da sich monatelang in der Stadt kein feindlicher Mexikaner hatte sehen lassen, verließen viele Kolonisten, die sich als Freiwillige der Truppe angeschlossen hatten, die Garnison.

„Ich verstehe nicht, was wir hier noch sollen!" rief Jack McLean eines Vormittags seinen irischen Landsleuten zu. „Wir haben schon lange keinen Mex mehr zu Gesicht bekommen. Nirgendwo ist es friedlicher als in San Antonio. Zu Hause werden wir von unseren Frauen und Kindern erwartet. Rothäute ziehen plündernd durchs Land, zünden unsere Höfe an und stehlen unser Vieh. Es ist jetzt Januar und kalt geworden. Man gibt uns nicht einmal ausreichende Kleidung, die uns warm hält. Wir erhalten keinen Sold, keinerlei Entschädigung. Zu Hause beginnt aber bald die Feldbestellung, die Äcker müssen gepflügt werden. Hier liegen wir untätig herum und harren der Dinge, die nicht kommen. Ich werde jetzt meine Sachen packen und nach Hause zurückkehren, zu Frau, Kind und Hof! Wer kommt mit?"

Erst waren es sechs, dann sieben, acht und neun, die ihre Hand hoben zum Zeichen, daß sie sich Jack McLean anschließen würden. Am Tage darauf verließen elf weitere Männer das Fort, und selbst dem Kommandanten von San Antonio, Oberst J. C. Neill, einem alten Haudegen, der so manche Schlacht erfolgreich geschlagen hatte, wurde angst und bange, als er das Häuflein seiner Tapferen mehr und mehr zusammenschmelzen sah.

Er konnte den Männern aber nicht befehlen zu bleiben. Sie waren keine regulären Soldaten, sondern Siedler und Farmer, die sich als Freiwillige zur Verfügung gestellt hatten.

Am 17. Januar 1836 erhielt General Sam Houston, der sich gerade in Goliad aufhielt, von Neill die Nachricht, daß San Antonio von fast allen kampffähigen Truppen entblößt worden war. Nur 80 Männer waren übriggeblieben. Sofort beauftragte er Oberst James Bowie, der als Erfinder eines Spezialkampfmessers, des „Bowie Knife", in die Geschichte eingegangen ist, mit 30 Freiwilligen nach San Antonio zu reiten.

Bowie, der in Goliad mit der Rekrutierung von Freiwilligen begonnen hatte, stellte diese sofort ein. Am 19. Januar kam er in San Antonio an. Oberst Neill konnte die Zahl seiner Soldaten von 80 auf 110 erhöhen. Das war nicht mal ein Tropfen auf den bekannten heißen Stein, denn es wären gut und gern tausend Männer nötig gewesen, um das Fort zu halten.

Wie Neill bat auch Bowie dringend um Verstärkung und Nachschub. „San Antonio ist die einzige Befestigung zwischen dem Rio Grande und Louisiana", hieß es in seinem Bericht, den er am 2. Februar an den provisorischen Gouverneur von

Texas, Henry Smith, schrieb. „Nur von hier aus kann Santa Ana von einem Marsch auf den Sabine River abgehalten werden. San Antonio darf nicht in die Hände der Mexikaner fallen. Wir werden eher bis zum Äußersten kämpfen, als die Stadt dem Feind überlassen!"

Smith kam den wiederholten Hilferufen Neills nach und schickte Verstärkung. Am 3. Februar traf Oberst Barret Travis mit 30 Männern in San Antonio ein. Ein paar Tage später folgte David Crockett mit 12 Landsleuten aus Tennessee. Allen war klar, wie ernst und gefährlich die Lage war.

Am 5. Februar erfuhr Neill von einem Krankheitsfall in seiner Familie. Er übergab das Kommando an Travis, der ja Offizier der regulären Armee war. Das entsprach aber nicht den Gepflogenheiten des Südens. Die Besatzung des Forts Alamo rekrutierte sich hauptsächlich aus Freiwilligen. Zudem war es an der Grenze immer üblich gewesen, daß der Kommandant gewählt und nicht von oberster Stelle bestimmt wurde.

Neill, der dies sehr wohl wußte, es aber nicht wahrhaben wollte, mußte schließlich nachgeben. Die Freiwilligen entschieden sich einstimmig für den erfahrenen und besonnenen 40jährigen James Bowie, der die ihm unterstellten texanischen Truppen in zahlreichen Kämpfen gegen an Zahl überlegene und gut ausgerüstete mexikanische Streitkräfte erfolgreich geführt hatte.

Der 27jährige Barret Travis war ebenfalls als furchtloser und tapferer Soldat bekannt, doch wurde ihm nachgesagt, daß er ein Heißsporn sei und sich wiederholt zu unüberlegtem Handeln habe hinreißen lassen. Immer wolle er mit dem Kopf durch die Wand. So war es kein Wunder, daß es zunächst zu Kompetenzstreitigkeiten wegen des Kommandos zwischen Travis und Bowie kam.

„Wenn man mir das Kommando verweigert, werde ich San Antonio verlassen!" rief Travis rot vor Wut und schlug mit der Faust auf den Tisch, daß das Tintenfaß auf den Boden flog und zersprang. Er besann sich jedoch, als ihm Bowie den Vorschlag machte, daß beide sich das Kommando teilen wollten. Eine Stunde später war der Streit beigelegt.

Auch Travis schrieb nun einen Brief an den Gouverneur, daß man sich in einer fatalen Lage befinde und San Antonio jederzeit angegriffen werden könne. „Wir sind entschlossen, bis zum letzten Mann auszuhalten, auch wenn keine Verstärkung kommt", schloß er seinen Brief. „Sollte die Stadt fallen, dann werde ich unter ihren Trümmern begraben sein!"

Die Zahl der Besatzungssoldaten stieg in den nächsten Tagen auf 188 an. Viele von ihnen waren noch jung. Sie verbrachten die Ruhe vor dem Sturm unbekümmert bei Kartenspiel, Hahnenkampf oder beim Fandangotanz im Saloon. Die Älteren dagegen sahen der Situation nüchtern und gefaßt ins Auge. Eines aber hatten beide gemeinsam: sie hatten sich dem Kampf um die Freiheit verschrieben und waren sich auch des Risikos bewußt. Sie wußten, daß die Mexikaner kommen würden, und sie wußten auch, daß sie ohne Verstärkung ihre Stellung nicht halten konnten.

Travis rechnete etwa Mitte März mit einem Angriff. Als ihm am 18. Februar ein Späher berichtete, daß mexikanische Truppen den Rio Grande überquert hatten, glaubte er, es werde noch einige Zeit vergehen, bis der Feind durch die Wildnis nach San Antonio vorstoßen werde.

Er hatte jedoch die Rechnung ohne Santa Ana gemacht, der, von Rachegelüsten erfüllt, seine Armee erbarmungslos vorantrieb und durch das dornige Gehölz zwischen Rio Grande und Medina River hetzte, obwohl seine Männer ohne ausreichende Verpflegung und Wasser waren. Erst als er noch zwanzig Meilen von San Antonio entfernt war, ließ er anhalten und, am Abend des 21. Februar, ein Lager aufschlagen.

In San Antonio entschloß man sich, zwei reitende Boten nach Goliad zu entsenden, die Hilfe holen sollten. Die beiden Deutschen Kortmann und Thomas erklärten sich sofort bereit, den Auftrag zu übernehmen. Sie schwangen sich auf ihre Pferde und ritten durch das Hintertor des Forts hinaus. Erst in der

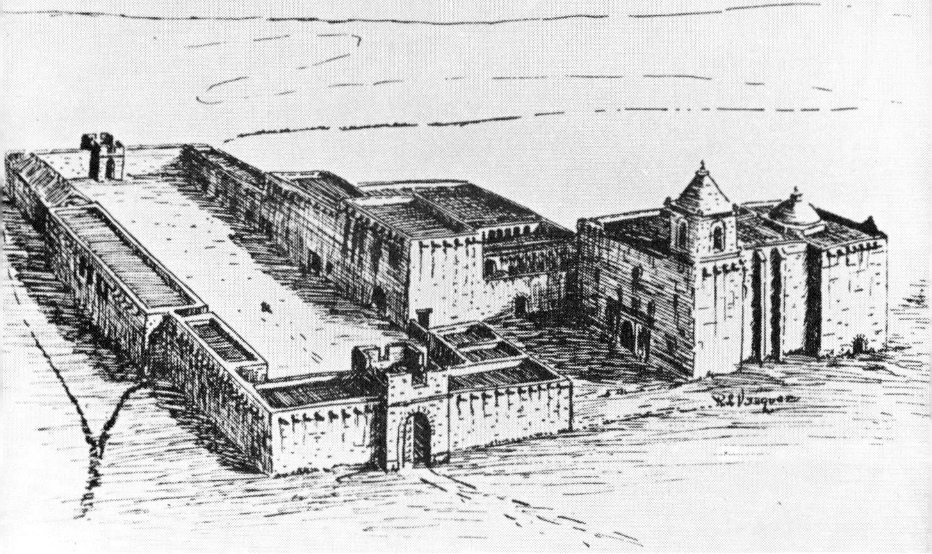

Das ursprüngliche Fort Alamo vor den Kämpfen im März 1836.
Rechts die noch heute zum Teil erhaltene Missionskapelle

Die ehemalige Missionskapelle von Fort Alamo – heute

Planwagen, von Ochsen gezogen

Ein zweirädriger Ochsenkarren mit Auswanderern

Dämmerung des nächsten Morgens erreichten sie auf ihren völlig erschöpften Tieren das Städtchen, nachdem sie unterwegs noch in eine Schießerei mit einer Gruppe von Indianern verwickelt worden waren.

„Was sollen wir in San Antonio?" fragte der Offizier der Freiwilligeneinheit in Goliad und schob seinen Sombrero in den Nacken. „Wir haben ja nicht einmal genügend Waffen, um uns den Weg nach dort freizukämpfen. Die Mexikaner würden unseren jämmerlichen Haufen schon auf halbem Wege dorthin aufreiben. Wenn wir nicht bald Nachschub erhalten, sind wir in einigen Tagen selbst zum Tode verdammt, denn der Ring der mexikanischen Truppen schließt sich immer enger!"

Kortmann und Thomas sahen ein, daß sie von diesen Leuten keine Hilfe erwarten konnten. Sie gönnten sich nur eine kurze Pause, dann ritten sie auf frischen Pferden, die sie gegen ihre erschöpften Tiere eingetauscht hatten, zurück nach San Antonio.

Dort war die Lage inzwischen bedenklich geworden.

Bei den Vorbereitungen für die Verteidigung von Alamo stürzte Bowie von einem Gerüst, als er mithalf, ein Geschütz auf eine Plattform zu ziehen. Er erlitt erhebliche Verletzungen und wurde von einem heftigen Fieber befallen, das ihn ans Lager fesselte und zwang, das Kommando Travis zu übertragen.

Am Nachmittag des 23. Februar erreichten die ersten mexikanischen Truppen San Antonio. Santa Ana schickte zwei Unterhändler zur befestigten Mission Alamo. Die Mexikaner blieben vor dem Eingangstor stehen und forderten die Besatzung auf, die Mission zu übergeben.

Travis Antwort war eindeutig. Er ließ einen Kanonenschuß abfeuern, und die Unterhändler zogen sich schleunigst zurück.

Stündlich trafen neue Einheiten der Mexikaner in der Stadt ein. Ihre Zahl war inzwischen auf etwa 5 000 angewachsen, als Santa Ana mit der systematischen Beschießung der Mission begann. Wenn auch die Kugeln der leichten Geschütze an den Außenmauern abprallten, gelang es den Belagerern schließlich doch, an der Nordostecke eine Bresche zu schießen.

Im ersten Morgengrauen des 6. März klang plötzlich aus dem Lager der Mexikaner ein spanisches Hornsignal zu den Alamo-Verteidigern herüber, das allen wohlbekannt war. Es bedeutete „Den Feind erledigen — keine Gefangenen machen!" und sagte den Texanern, was ihnen bevorstand.

Es war Punkt 4 Uhr, als Santa Anna zum Sturmangriff blasen ließ. Die Mexikaner wurden von einem wahren Blutrausch ergriffen, aber erst beim dritten Angriff gegen 8 Uhr gelang es den Soldaten Santa Anas, in die Mission einzudringen. Um 9 Uhr war der letzte der 188 Texaner gefallen. Die

Mexikaner hatten mehr als 1 600 Tote und viele Verwundete zu beklagen.

Nur die Leibneger von Travis und Bowie und die Frau eines texanischen Offiziers, Mrs. Almiram Dickenson, mit ihrem 18 Monate alten Kind verschonten die Mexikaner. Durch sie erfuhr man später, daß David Crockett nach der Schlacht mit zwei seiner Landsleute aus Tennessee und den beiden Deutschen inmitten von einem Dutzend toter Mexikaner gefunden wurde und daß Bowie sich bis zuletzt auf dem Krankenbett verteidigt hatte.

Santa Ana und seine Heerscharen triumphierten ob des Sieges und zogen raubend und brennend durchs Land. Doch kaum zwei Monate später sollte die Rechnung beglichen werden. Am Morgen des 21. April heizte Sam Houston mit seiner Streitmacht den Mexikanern gehörig ein. Am San Jacinto gab er das Zeichen zum Gegenangriff. In einer kurzen Ansprache, die er mit den Worten „Remember the Alamo!" (Denkt an Alamo) schloß, feuerte er seine Männer an.

Achtzehn Minuten lang gellte das Kampfgeschrei der Texaner in den Ohren der völlig überraschten Mexikaner — dann war alles vorbei. Außer ihrer langersehnten Freiheit hatten die Texaner den Präsidenten von Mexiko, Santa Ana, 730 Gefangene, 280 Verwundete, 12 000 Dollar in Gold, 900 englische Musketen, 300 Säbel, 200 Pistolen und mehrere hundert Maultiere und Pferde in ihrer Hand. Auf dem Schlachtfeld blieben 630 tote Mexikaner. Die Texaner hatten bei dem Überraschungsangriff nur neun Tote und dreißig Verwundete zu beklagen.

In den folgenden fast zehn Jahren war Texas unabhängige Republik — die einzige Republik in dem heutigen 50-Staaten-Bund der USA.

Das deutsch-texanische Experiment

Verträge und Landspekulanten

Eine größere Einwanderungswelle der Deutschen nach Texas setzte im Jahre 1831 ein. Damals hatte der Oldenburger Friedrich Ernst von der mexikanischen Regierung einen Landgrant am Mill Creek im Austin County erhalten. Am 3. April traf er mit seiner Frau und seiner zehnjährigen Tochter in Texas ein und gründete schon bald danach die Stadt Industry. Ernst fand so ideale Bedingungen vor, daß er einen begeisterten Brief an einen Freund in Oldenburg schrieb und seine neue Heimat in glühenden Farben schilderte. Der Freund gab den Brief an eine Oldenburger Zeitung weiter, die ihn veröffentlichte.

Die Folgen dieses Zeitungsberichtes hatte niemand vorausgeahnt. Immer mehr Deutsche zog es plötzlich nach Texas. Ganze Familiengruppen beantragten die Auswanderung und segelten über den großen Teich, um sich am Brazos oder Colorado River anzusiedeln. So gab es in der Umgebung des Städtchens Industry bis 1842 bereits mehrere hundert Deutsche, die aus Oldenburg, aus Holstein, dem Münsterland und aus Westfalen eingewandert waren.

Dem deutschen Adel der vierziger Jahre des vorigen Jahrhunderts aber sollte es vorbehalten bleiben, die ersten großen Masseneinwanderungen nach Texas in die Wege zu leiten.

Am 20. April 1842 versammelten sich im Schloß des Herzogs Adolph von Nassau in Biebrich am Rhein vierzehn Fürsten, Prinzen und Grafen, um ihre Unterschriften unter ein Dokument zu setzen, das in vielen Wochen erarbeitet worden war und mit der Unterzeichnung in Kraft treten sollte. Der Text des Schriftstückes lautete:

> „Wir, die Unterzeichner, geben hierdurch bekannt, daß wir heute eine Gesellschaft gründeten mit dem Ziel, Land in der Republik Texas anzukaufen, auf dem deutsche Auswanderer angesiedelt werden sollen."
>
> Biebrich, den 20. April 1842

Initiator und geistiger Vater dieser Auswanderer-Organisation war Graf Carl von Castell. Er diente als Offizier in der österreichischen Garnison in Mainz. Da ihm seine Tätigkeit viel Zeit ließ, vertrieb er sich die Langeweile damit, Reisebücher zu lesen. Ganz besonders hatten es ihm Bücher über Texas angetan. Der jungen Republik, die 1836 mit ihrem heroischen Freiheitskampf in der gesamten Weltpresse Schlagzeilen gemacht hatte, brachte man überall Sympathie und Wohlwollen entgegen.

Castell war schließlich so begeistert von Texas, daß seine Freunde und Bekannten von seinem Enthusiasmus mitgerissen wurden. Es dauerte nicht lange, bis sich ihm ein großer Kreis Gleichgesinnter anschloß, der es sich zur Aufgabe machte, die Kolonisierung der Republik Texas zu fördern.

Die Männer setzten große Erwartungen in ihre neugegründete Gesellschaft. Nachdem jeder die Urkunde unterschrieben hatte, erhob sich ihr Präsident, Graf Christian von Neu-Leiningen-Westerburg, aus dem Ledersessel. Er rückte seine goldumrandete Brille zurecht und richtete eine kurze Ansprache an die Versammlung:

„Meine Herren, Sie haben soeben Ihre Unterschrift unter ein Dokument gesetzt, mit dem wir etwas Großes und Edles schaffen wollen. Wir alle hoffen, später einmal sagen zu können: ‚Das ist unser Werk.' Ich bin überzeugt, daß die Namen der Gründer unserer Organisation eines Tages in die Weltgeschichte eingehen werden. Ich möchte auch nicht versäumen, Ihnen mitzuteilen, daß der Herzog von Nassau Zweck und Ziele unserer Gesellschaft billigt und sich bereit erklärt hat, die Schirmherrschaft über die Organisation zu übernehmen."

Die Versammelten klatschten spontan Beifall und brachten Hochrufe auf den Herzog aus.

Große Worte waren gefallen, die besser so lange hätten unausgesprochen bleiben sollen, bis das Projekt erfolgreich verwirklicht worden war. Schon bald stellten sich die ersten Schwierigkeiten ein, die allein auf die Leichtgläubigkeit und Kurzsichtigkeit der Initiatoren der Gesellschaft zurückzuführen waren.

Nach einer kurzen Pause fuhr Graf Neu-Leiningen-Westerburg fort: „Um unser Projekt sofort in Angriff nehmen zu können, schlage ich vor, zwei Mitglieder unserer Gesellschaft als Abgesandte nach Texas zu schicken. Sie sollen mit der dortigen Regierung über Landkäufe verhandeln. Wie Sie wissen, hat der Kongreß von Texas am 5. Februar dieses Jahres ein Gesetz erlassen, das den Präsidenten der Republik ermächtigt, unter gewissen Bedingungen sogenannte Landgrants oder Landtitel an Kolonisatoren zu vergeben. Die texanische Regierung schließt mit den Kolonisatoren Verträge ab, in denen sie ihnen zur Auflage macht, innerhalb einer festgesetzten Frist eine bestimmte Zahl von Auswanderer-Familien anzusiedeln und das Land an diese Auswanderer zu verteilen. Da sich Prinz Viktor von Leiningen und Graf Joseph von Boos-Waldeck schon bereit erklärt haben, als Abgesandte nach Texas zu reisen und Verhandlungen mit der Regierung aufzunehmen, schlage ich vor, beiden diese Aufgabe zu übertragen."

Der Vorschlag Neu-Leiningen-Westerburgs wurde angenommen. Die Versammlung wählte die beiden einstimmig zu Unterhändlern.

Mit den erforderlichen Geldmitteln und Vollmachten ausgestattet, schifften sich Viktor von Leiningen und Joseph von Boos-Waldeck einige Wochen später nach Texas ein.

Leiningen reiste nach Austin, um mit Präsident Sam Houston über einen Landkauf-Vertrag und über gewisse steuerliche Konzessionen zu verhandeln, die die texanische Regierung den deutschen Einwanderern einräumen sollte.

Sam Houston, der schon viele Landgrant-Verträge mit amerikanischen und ausländischen Kolonisatoren geschlossen hatte, empfing den Deutschen freundlich, aber bestimmt.

„Ich bin gern bereit, mit Ihnen über den Abschluß eines Vertrages zu verhandeln", sagte er und strich mit der Rechten über seinen dunklen Backenbart, „auch dann, wenn Sie nicht im Auftrag der deutschen Regierung, sondern lediglich als Abgesandter einer privaten Vereinigung kommen. Ich schätze die Initiative sehr, die zur Gründung Ihrer Organisation drüben in Deutschland führte. Wir brauchen für den Aufbau unseres Landes noch viele Menschen."

Houston reichte seinem Gast einen Kasten aus Ebenholz mit Zigarren über den Tisch. Leiningen bediente sich, schnitt die Spitze einer schwarzen Brasil ab und zündete sie an. Dann meinte er, indem er den Rauch genießerisch gegen die Zimmerdecke blies: „Auch ich würde mich freuen, wenn wir ein Übereinkommen erzielen würden. Meine Gesellschaft hat mich jedoch gebeten, Ihnen einige Bedingungen zu unterbreiten. Nur wenn Ihre Regierung diese Bedingungen akzeptiert, bin ich ermächtigt, einen eventuellen Landkauf-Vertrag zu unterschreiben."

Sam Houston lehnte sich erstaunt in seinen Sessel zurück und starrte sein Gegenüber an. „Bedingungen?" echote er, „Sie stellen Bedingungen, obwohl Sie nicht einmal als Vertreter einer deutschen Regierung, sondern eines privaten Vereins kommen? Nun, lassen Sie hören!"

Leiningen sah seine Hoffnungen auf einen Vertragsabschluß schwinden. Mit den von der Organisation gestellten Bedingungen würde er, das ahnte er schon jetzt, bei Houston auf Granit beißen.

„Meine Gesellschaft bittet darum, Herr Präsident", erwiderte er langsam und betont, „die deutschen Kolonisten, die sich unserer Organisation anschließen, ein Jahr lang von allen Steuern zu befreien, um ihnen so den Start in der neuen Heimat zu erleichtern."

Sam Houston schüttelte den Kopf. „Ihre Bedingungen muß ich ablehnen, Mister Leiningen", sagte er und biß die Lippen zusammen. „Wollte ich Ihrem Ersuchen stattgeben, dann müßte ich den Kongreß zu einer Änderung des Kolonisationsgesetzes bewegen. Das will und darf ich aber auf keinen Fall. Wenn ich Ihnen gegenüber Konzessionen mache, muß ich diese auch den Einwanderern anderer Nationen gewähren. Sie sehen wohl ein, daß wir für die Deutschen keine Extrawurst braten können!"

Das war klar und deutlich.

„In diesem Fall sehe ich mich außerstande, auf einen Vertragsabschluß einzugehen", entgegnete Leiningen mit ebenso bestimmter und harter Stimme. Nervös und gereizt drückte er den Rest seiner Zigarre im Aschenbecher aus. „Meine Gesellschaft besteht auf ihren Bedingungen!"

„Und ich kann mir als Präsident der Republik Texas nicht von irgendeinem Verein Bedingungen diktieren lassen; das werden Sie wohl einsehen?!" meinte Sam Houston, ebenfalls gereizt. „Es tut mir leid, daß ich unsere Verhandlungen als gescheitert und unser Gespräch als beendet ansehen muß!"

Das Gespräch, in das Leiningen so große Hoffnungen gesetzt hatte, endete für ihn mit einem glatten Rausschmiß. Hätte er aber anders handeln können? Er vertrat die deutsche Auswanderer-Organisation, mußte in ihrem Sinne verhandeln und durfte sich keine Eigenmächtigkeiten erlauben.

Das Ergebnis hatte ihn so niedergeschmettert, daß er resignierte und beschloß, nach Deutschland zurückzukehren. Hätte er nach dem ersten Fehlschlag nicht sofort die Flinte ins Korn geworfen, wäre es ihm bestimmt gelungen, anderweitig einen Landgrant aufzutreiben. Es war damals nicht schwer, zu Land zu kommen. Tausende von Acres wurden billig abgegeben, der Acre (4 000 Quadratmeter) für zehn oder fünfzehn Cent.

Am Tage seiner Rückreise betrat Leiningen mittags einen Saloon, um etwas zu essen. Kaum saß er am Tisch, als zwei Männer auf ihn zutraten, die sich sehr amerikanisch gaben, ihn aber in fließendem Deutsch ansprachen.

„Sie sind Prinz Leiningen, wenn ich nicht irre?" wandte sich der größere von beiden mit einem undefinierbaren Lächeln an ihn und nahm seinen breitkrempigen Hut ab. „Mein Name ist Fisher, Henry Francis Fisher, und dies ist mein Partner Burchard

Miller. Wir haben erfahren, daß Sie für eine deutsche Gesellschaft Land kaufen wollen, und könnten Ihnen ein günstiges Angebot machen ..."

Leiningen horchte auf. Hatte sich seine Mission hier in Texas schon herumgesprochen? Aber vielleicht hatten die beiden auch in den Zeitungen darüber gelesen, denn die Reporter schrieben sich ja seit Monaten über die deutschen Auswanderungspläne die Finger wund.

Er deutet auf zwei Stühle. „Bitte, nehmen Sie Platz, meine Herren. Es interessiert mich sehr, was Sie mir zu berichten haben."

Bei Fisher und Miller handelte es sich um zwei Deutsche aus Kassel, die, als sie 1838 nach Texas gingen, noch Heinrich Franz

Fischer und Burkhard Müller geheißen hatten. In der neugegründeten Republik betätigten sie sich schon bald erfolgreich, wenn auch nicht immer mit ganz sauberen Methoden, als Landagenten. Am 8. Februar 1842 kauften sie von der texanischen Regierung den sogenannten „Fisher-Miller-Grant", ein Gebiet zwischen Llano und Colorado River, das 3,8 Millionen Acre umfaßte.

Die beiden waren mit allen Wassern gewaschen und hatten sehr bald herausgefunden, daß man in Texas schnell zu Geld kommen und ein Vermögen scheffeln konnte. Aber dies wußte Leiningen noch nicht. Er hielt die beiden Landspekulanten für zwei biedere Deutsche. Erst viel später, zu spät sollten ihm und den übrigen Mitgliedern der Organisation die Augen aufgehen.

„Wir könnten Ihrer Gesellschaft ein günstiges Angebot machen", ergriff Fisher das Wort und erbot sich, den Fisher-Miller-Grant an die Mainzer Vereinigung für 9 000 Dollar zu verkaufen. Offenbar glaubte Fisher, Leiningen sei zeichnungsberechtigt und er und Miller könnten einen Vertrag noch am selben Tag unter Dach und Fach bringen.

Doch Leiningen winkte ab. „Ihr Angebot ehrt mich, und ich danke Ihnen dafür. Unsere Organisation wird sich bestimmt dafür interessieren", sagte er. „Leider bin ich nicht befugt, irgendwelche vertraglichen Abmachungen zu treffen. Zu den geschäftlichen Verhandlungen müßten Sie schon nach Deutschland kommen und einen etwaigen Vertrag mit allen Herren unserer Gesellschaft ausarbeiten und unterzeichnen. Gern will ich Ihr Angebot mit einer Empfehlung weiterleiten."

„Das wird nicht schwierig sein", meinte Fisher nach kurzer Überlegung. „In Kürze will ich sowieso für einige Wochen nach Deutschland. Ich muß zu geschäftlichen Verhandlungen nach Bremen. Bei dieser Gelegenheit werde ich Verbindung mit Ihrer Gesellschaft aufnehmen." Er erzählte Leiningen, daß er nach Bremen müsse, weil er Konsul der Freien Hansestadt geworden sei. Tatsächlich hatte er sich Präsident Houston gegenüber selbst zum bremischen Konsul „ernannt".

Während Leiningen noch am selben Tag die Rückreise nach Deutschland antrat, verblieb Graf von Boos-Waldeck noch einige Zeit in Texas. Er hatte inzwischen im Fayette County für 3 321 Dollar eine 4 428 Acre große Farm gekauft. Zu Ehren des Protektors der Auswandererorganisation, Herzog Adolph von Nassau, gab er ihr den Namen „Nassau-Farm". Sie sollte den Vertretern der Gesellschaft bei gelegentlichen Aufenthalten in Texas als Unterkunft dienen.

Weitere Versuche Boos-Waldecks, Landkäufe abzuschließen, schlugen fehl, so daß er im Januar 1844 nach Deutschland zurückkehrte.

Monsieur Bourgeois macht ein Angebot

Im Sommer 1843, als Leiningen und Boos-Waldeck noch in Texas weilten, kamen die Gesellschafter zu einer weiteren Versammlung auf Schloß Biebrich zusammen. Kaum hatte man an dem langen Tisch im Konferenzraum Platz genommen, als es klopfte und ein Diener eintrat.

„Verzeihen Sie", wandte er sich an den Präsidenten, Graf von Neu-Leiningen-Westerburg, „draußen wartet ein Herr, ein Franzose. Sein Name ist Alexander Bourgeois d'Orvanne. Er bittet dringend darum, vorgelassen zu werden, weil er Ihnen ein wichtiges Angebot zu machen habe."

Nach einer kurzen Beratung entschloß man sich, die Sitzung zu unterbrechen und Bourgeois zu empfangen.

Der Franzose trat ein, verbeugte sich und sagte in tadellosem Deutsch: „Ich danke Ihnen, meine Herren, daß Sie sich die Zeit nehmen, mich anzuhören, aber ich glaube, daß mein Angebot Sie interessieren wird. Ich komme soeben aus Texas, wo ich von Ihren Plänen erfuhr. Ich bin in der Lage, Ihnen einen fix und fertigen Kolonisationsvertrag vorzulegen."

Die Konferenzteilnehmer horchten auf. Einen kompletten Kolonisationsvertrag wollte Bourgeois ihnen anbieten? „Das wäre wirklich ein Silberstreifen am Horizont", flüsterte Graf

Castell lächelnd seinem Gegenüber zu, dem Grafen von Knyphausen.

Die entmutigenden Berichte, die Leiningen und Boos-Waldeck aus Texas geschickt hatten, waren kaum geeignet, einen gedämpften Optimismus zu erwecken. Man lud Bourgeois d'Orvanne ein, am Tisch Platz zu nehmen, und alle waren beeindruckt von der Redegewandtheit und vollendeten Verhandlungstaktik, die der Franzose entwickelte.

Hätten die deutschen Adligen nur ein bißchen mehr Menschenkenntnis besessen, dann wäre ihnen aufgefallen, daß der aalglatte Bourgeois es nur darauf abgesehen hatte, das Vertrauen der Organisation zu gewinnen, um seinen Vertrag, der übrigens längst erloschen und wertlos war, für harte Dollars an den Mann zu bringen.

Richtig hieß er Bourgeois. Das „d'Orvanne" hatte er sich erst zugelegt, als er erfuhr, daß seine deutschen Verhandlungspartner alle dem Adel angehörten. Er sagte sich, daß er mit seinem bürgerlichen Namen kaum Eindruck auf die Prinzen und Grafen machen würde, sann nach einem gleichwertigen Titel und erhob sich als „d'Orvanne" kurzerhand selbst in den französischen Adelsstand.

Daß das „d'Orvanne" bei den Deutschen gut ankam, sollte Bourgeois schon bald feststellen. Der Franzose schlug eine Ledermappe auf, nahm das Vertragsdokument heraus und breitete es vor den Gesellschaftern auf dem Tisch aus. Zunächst widmete sich Neu-Leiningen-Westerburg dem Studium des Vertragstextes. Eine Weile herrschte so tiefes Schweigen, daß man eine Stecknadel hätte fallen hören können. Dann blickten alle gespannt auf, als der Präsident plötzlich aus seinem Sessel hochschnellte und erregt hervorstieß:

„Monsieur Bourgeois, der Vertrag trägt ja das Datum vom 3. Juni 1842! Nach der Klausel sollen in einem Zeitraum von 18 Monaten 400 Familien nach Texas gebracht werden. Wie soll uns das noch möglich sein? Wir schreiben heute den 19. September 1843. Der Vertrag erlischt am 3. Dezember, also in nicht ganz drei Monaten. Ohne eine angemessene Verlängerung können wir ihn nicht akzeptieren!"

„Aber Graf, wozu die Aufregung? Natürlich habe ich eine Verlängerung ins Auge gefaßt", zerstreute Bourgeois die Bedenken Neu-Leiningen-Westerburgs und setzte ein gewinnendes Lächeln auf. „Es gibt keine Schwierigkeiten, da mich mit Präsident Houston seit Jahren eine persönliche Freundschaft verbindet. Glauben Sie mir, es bedarf nur eines Federstrichs, und der Vertrag ist verlängert!"

Bourgeois sprach so überzeugend, daß man ihm einfach glauben mußte. Keinen Augenblick zweifelte man, es mit einem Ehrenmann zu tun zu haben. Und als sich der Franzose schließlich noch erbot, der Gesellschaft als förderndes Mitglied beizutreten (dies war nur Angehörigen des Adels möglich), nahm man seinen Vorschlag beifällig an. Einstimmig wurde er als Mitglied aufgenommen.

Inzwischen war Prinz Leiningen aus Texas zurückgekehrt. Trotz der Fehlschläge, die er hatte hinnehmen müssen, stand er den Ideen der Gesellschaft positiv gegenüber und setzte sich in seinem mündlichen und schriftlichen Bericht an den Vorstand für ein großzügiges Kolonisationsprogramm ein. „Es besteht kein Zweifel", erklärte er wörtlich, „in Texas ergeben sich für die deutschen Auswanderer ungeahnte Möglichkeiten!"

Der Fisher-Miller-Grant

Kurz darauf berief man eine weitere Versammlung ein. Die Vereinigung wurde in eine Aktiengesellschaft umgewandelt, der man ein Kapital von 80 000 Dollar zugrunde legte, das aus 40 Anteilen zu je 2 000 Dollar bestand.

Am 25. März 1844 erhielt die Gesellschaft ihren endgültigen Namen: „Verein zum Schutze deutscher Einwanderer in Texas". Wegen der Länge ihres Namens wurde sie von der Bevölkerung auch „Mainzer Adelsverein“ oder kurz „Verein“ genannt. Prinz Leiningen wurde Präsident, Graf Castell Stellvertreter und Direktor.

In seiner Eröffnungsansprache wies Castell auf die Statuten des neugegründeten Vereins hin: „Wir haben weder gewinnsüchtige noch politische Ambitionen, sondern allein das Wohl der Auswanderer im Auge. Ihnen wollen wir bei der Ansiedlung in der neuen Heimat behilflich sein!“

Die Gründungsurkunde des Vereins wurde am 3. Mai 1844 vom Herzog von Nassau unterzeichnet.

Das Angebot, das der Verein den Auswanderern machte, war so verlockend, daß sich Interessenten in Scharen meldeten. Jeder ledige Mann über 17 Jahre mußte eine einmalige Summe von 120 Dollar und jede Familie 240 Dollar als Unkostenbeitrag entrichten. Gleichzeitig mußten sie sich vertraglich dazu bereit erklären, drei Jahre lang 15 Acre Land zu bebauen und während dieser Zeit in dem ihnen zugewiesenen Blockhaus wohnen zu bleiben.

Als Gegenleistung versprach der Verein freien Transport zur Kolonie, kostenfreies Land (160 Acre für einen ledigen Mann und 320 Acre für eine Familie), ein kostenfreies Blockhaus und außerdem Lebensmittel und Farmgeräte so lange auf Kredit, bis zwei Ernten eingebracht waren.

Über die Summe von 120 bzw. 240 Dollar, die an den Verein gezahlt werden mußte, wurde den Auswanderern ein Schuldschein ausgestellt, den sie später in Texas gegen Bargeld einlösen konnten.

Erst wenn der Auswanderer den amtlichen Einwanderungsvertrag erhalten hatte, konnte ihm ein Platz auf einem Schiff zugewiesen werden.

Bourgeois hatte es verstanden, sich bei den Mitgliedern des Vereins unentbehrlich zu machen, und war zum Kolonialdirektor der Organisation ernannt worden. Er sollte dem 32jährigen Prinz Carl zu Solms-Braunfels, den die Versammlung zum

Generalbevollmächtigten ernannt hatte, bei dem Übersee-Projekt zur Seite stehen.

Von Bingen aus traten beide am 13. Mai ihre Reise an. Am 19. Mai gingen sie in Liverpool an Bord des Dampfschiffes „Caledonia", das sie nach Boston brachte. Am 1. Juli 1844 gingen Prinz Solms und Bourgeois in Galveston in Texas an Land. Jetzt hieß es, schnellstens die Vorbereitungen für die ersten deutschen Einwanderer zu treffen, die im Herbst in Galveston erwartet wurden.

Während Prinz Solms zu Pferde eine Inspektionsreise unternahm, um geeignetes Land für die Siedler in Augenschein zu nehmen, bemühte sich Bourgeois verzweifelt um eine Verlängerung seines Vertrages bei der Regierung. Zweimal, am 8. und 10. Juli, schrieb er einen persönlichen Brief an Präsident Sam Houston und bat ihn dringend, eine Verlängerung zu erwirken.

Bourgeois wußte, was ihm blühte, wenn die ersten Siedler eintrafen und kein Land vorhanden war, auf dem sie sich niederlassen konnten. Der Verein würde ihn für das Desaster und seine Auswirkungen voll verantwortlich machen und ihm einen Prozeß anhängen.

Präsident Houston antwortete jedoch nicht. Er befand sich zu dieser Zeit irgendwo am Trinity River auf einer Inspektionsreise.

Prinz Solms schilderte den Ernst der Lage in seinem Bericht an die Direktoren des Vereins:

„Der erste Transport deutscher Siedler steht bevor, wir besitzen bis jetzt aber nicht einen Quadratmeter Land, wo wir sie unterbringen können. Dabei gibt es Land in Hülle und Fülle, den Acre für ganze zehn Cent. Die Republik Texas hat 1,8 Millionen Acre ihres Landes Siedlern zur Verfügung gestellt! Ich begreife nicht, warum wir uns auf den verflixten Landgrant des Herrn Bourgeois eingelassen haben . . ."

Doch die Vereinsdirektoren antworteten Solms nicht. Sie waren zu dieser Zeit auf dem besten Wege, eine neue Riesendummheit zu begehen. Auf Schloß Biebrich hatte man Henry

Fisher empfangen. Leiningen, der mit dem Agenten in Texas zusammengetroffen war, hatte nach seiner Rückkehr den Verein über den Fisher-Miller-Grant informiert und Fishers Besuch für die nächsten Wochen angekündigt. Nun saß der Landagent den Direktoren am Verhandlungstisch gegenüber.

Obwohl ihnen der Reinfall mit Bourgeois hätte zu denken geben müssen, hatten die Gesellschafter des Vereins nichts Eiligeres zu tun, als mit Fisher ins Geschäft zu kommen und ihm die Kolonisationsrechte abzukaufen. Sie vertrauten ihm blindlings, als er erklärte, daß es sich um 3,8 Millionen Acre besten Ackerbodens handele.

Aus dem Vertrag ging hervor, daß das Land von der Republik Texas einer bestimmten Zahl von Familien zur Verfügung gestellt wurde, die in einem vereinbarten Zeitabschnitt dort angesiedelt werden mußten.

Der für die Ansiedlung vorgesehene Zeitraum betrug wie im Vertrag des Herrn Bourgeois 18 Monate. Da der Verein den bereits am 1. September 1843 von Sam Houston unterschriebenen Vertrag erst am 24. Juni 1844 von Fisher kaufte, blieben nur noch acht Monate, um die ersten 2 000 von insgesamt 6 000 Familien nach Texas zu bringen. Fisher versprach, daß er eine Verlängerung des Vertrages erreichen werde. Dies gelang ihm tatsächlich, während eine Verlängerung des Bourgeois-Vertrages abgelehnt wurde.

Weit schlimmer war aber noch, daß sich die Vereinsdirektoren keinerlei Gedanken über die Beschaffenheit des Landes machten, das sie gekauft hatten. Sie wußten nicht einmal, daß es im Westen der Republik lag und von den kriegerischen Comanchen-Indianern bewohnt wurde. Aus dem Vertrag ging auch nicht hervor, ob sich die texanische Regierung dazu bereit erklärte, die wilden Indianerstämme aus dem Gebiet zu verbannen und den Schutz der Siedler zu übernehmen. Ebenso blieb die Frage offen, wie man sich den 300 Meilen (rund 500 Kilometer) weiten Transport von der Küste durch feindliches Indianergebiet zu dem Landgrant vorstellte.

Zweifellos hätte der Verein das Aussichtslose, ja Unverantwortliche dieses Vertrages erkennen und ihn in seiner Gesamtheit ablehnen müssen. Für die 9 000 Dollar, die er Fisher und Miller dafür zahlte, hätte er in Texas mit Leichtigkeit mehr als hunderttausend Acre bestes und leicht zugängliches Land kaufen können, das für die Siedler gefahrlos zu erreichen war.

Ohne erst den Rat des Prinzen Solms einzuholen, der sich ja in Texas befand und sich inzwischen mit den Landverhältnissen vertraut gemacht hatte, vertraute man ganz den Worten eines Agenten, dem es lediglich darauf ankam, den fast erloschenen Vertrag so schnell wie möglich loszuwerden.

Auch die großsprecherische Bestätigung Fishers, daß sich die Ansiedlung von 6 000 Familien mit den 200 000 Gulden oder 80 000 Dollar Vereinskapital gut und gern verwirklichen ließe, nahm man für bare Münze. In Wirklichkeit hätte es wenigstens einer halben Million Dollar bedurft, um ein solches Projekt durchzuführen.

Wenn die texanische Regierung am 29. Januar 1845 auch den Termin für den Transport der ersten 2 000 Familien bis zum 1. März 1846 verlängerte, erschien es trotzdem aus den genannten Gründen fast unmöglich, das Kolonisierungsvorhaben in dem vorgesehenen Zeitraum zu verwirklichen.

Überhaupt schien man im Verein über die Auslegung des Vertragstextes unterschiedlicher Auffassung zu sein. Das geht aus einer Bekanntmachung hervor, die man damals veröffentlichte:

> „Der texanische Kongreß hat den Vertrag des Monsieur Bourgeois d'Orvanne nicht verlängert und für erloschen erklärt. Daher schloß der Verein zum Schutze deutscher Einwanderer in Texas einen neuen Vertrag mit Mr. Henry Fisher. Durch ihn hat der Verein außerordentlich fruchtbares Land erworben, das am rechten Ufer des Colorado River liegt."
>
> Am 11. Dezember 1844 Die Direktoren

Tatsächlich konnte von „Landerwerb“ keine Rede sein, denn Fisher und Miller selbst hatte nie ein Stück Land in Texas gehört. Die Klauseln des Vertrages besagten, daß ein Drittel der 6 000 Familien innerhalb einer bestimmten Frist auf dem Grant angesiedelt wurde. Dabei mußte berücksichtigt werden, daß nur ein Zwölftel des Grants besiedelt werden durfte und die Besiedlung in mehreren Abschnitten erfolgen mußte. Die Prüfung und Vermessung des Landes mußte vom Verein übernommen werden, der auch die Kosten dafür zu tragen hatte.

Ganz eindeutig stand aber auch im Vertrag: „Das Land bleibt Eigentum der texanischen Regierung.“ Die Republik meldete also unmißverständlich so lange ihr Besitzrecht an, bis alle Bedingungen erfüllt waren. Weder Fisher und Miller noch der Verein konnten einen Besitzanspruch geltend machen. Der Verein hatte durch den Vertragsabschluß mit Fisher lediglich das Siedlungsrecht erworben, nicht aber das Besitzrecht.

Folglich hätte der Verein kein Land an die Auswanderer veräußern dürfen, wie er es in seinen Ankündigungen und in den Zeitungsinseraten versprach.

Prinz Solms gründet eine Ranger-Kompanie

In Texas war es unterdessen zu ersten Meinungsverschiedenheiten zwischen Prinz Solms und Bourgeois gekommen. Solms hatte schon bald erfahren müssen, daß die texanische Regierung eine Verlängerung des Bourgeois-Vertrages ablehnte. In seinem zweiten Bericht, den Solms am 20. August 1844 von San Antonio aus an den Verein richtete, hieß es wörtlich:

„Eigentlich bin ich froh, daß der Grant von der Regierung zurückgenommen wurde, sonst hätten wir die Kolonisten entweder auf dem übriggebliebenen Land oder hoch im Gebirge ansiedeln müssen. Wenn auch feststeht, daß 50 bis 100 Familien, die zusammen wohnen, kaum einen Indianerüberfall zu befürchten haben, so wären doch ihre Felder und ihr Vieh weniger sicher gewesen. Und gerade auf Pferde und Rinder haben es die Rothäute abgesehen.

Die fernab liegenden guten Ländereien an den Flüssen und Bächen können nur dann besiedelt werden, wenn man auf der Strecke dorthin Städte und Dörfer errichtet, die einen gewissen Sicherheitsgürtel für die Siedler bilden.

Dem Kolonialdirektor Bourgeois konnte ich dies nur mit Mühe klarmachen. Leichtsinnig gab er mir die abenteuerlichsten Pläne zum besten, indem er vorschlug, 30 bis 40 Familien hier und dort anzusiedeln. Die armen Menschen wären den Indianern schutzlos ausgeliefert!

Auch der Grant des Herrn Bourgeois taugt nichts. Nur ein geringer Teil des Landes ist anbaufähig, das ganze Gebiet bisher unbesiedelt. Von Bourgeois' vielgerühmter persönlicher Freundschaft mit Präsident Houston habe ich bisher wenig gemerkt. Die Arroganz dieses Mannes ist fast unerträglich geworden, und er ist mir bei meiner Arbeit mehr hinderlich als nützlich. Ich bin ganz auf mich allein gestellt und habe niemand, der mir meine Sorgen und Mühe tragen hilft."

Dann wies Solms auf die nach Ablehnung der Verlängerung entstandene Situation hin: „Es besteht kein Zweifel, daß Bourgois nur wegen seines Landverkaufs Mitglied des Vereins geworden ist. Jetzt, da der Vertrag erloschen ist, endet auch seine Stellung als Mitglied und Kolonialdirektor. Ich bitte um entsprechende Instruktionen, da ich mich sofort nach einem neuen Grant umsehen muß. Ich denke an das Gebiet um den Medina River mit seinen fruchtbaren Ländereien."

Abschließend richtete Solms die Bitte an den Verein, ihm umgehend Waffen zu senden. „Nur so bin ich imstande, den Indianern, mit denen ich noch auf guten Fuß zu kommen hoffe, und den Banditen und Marodeuren erfolgreich entgegenzutreten. Es ist unmöglich, das Land allein zu bereisen. So habe ich bereits zwanzig Deutsche um mich geschart, die schon längere Zeit in Texas sind. Sie wollen mich bei der Erkundung des Landes unterstützen.

Ich hoffe, schon bald die Zahl der Männer zu erhöhen und eine Ranger-Kompanie aufzustellen. Unter ihrem Schutz werden wir unsere Arbeit ungestört verrichten können. Der Lohn für den Ranger ist monatlich auf fünf Dollar bei freier Kost festgesetzt. Die Kost beträgt pro Mann etwa 2.50 Dollar.

Hierzulande ist jeder beritten. Alle Kavalleriewaffen, Karabiner, kurze Büchsen, Pistolen, Munition und nicht zu schwere Säbel sollten daher unsere beste Ausrüstung sein.

Auch die beiden Kanonen und die leichte Haubitze, die ich dem Verein vor einigen Monaten schenkte, könnten wir jetzt gut brauchen. Allein mit der Haubitze würden wir uns bei den Indianern den nötigen Respekt verschaffen und sie uns vor allem während der Dunkelheit vom Leibe halten."

Es sollten aber noch drei Monate vergehen, bis die gewünschten Waffen mit dem nächsten Schiff in Galveston eintrafen. Wenn der Verein Solms' Bitte nach zwei Kanonen auch nicht entsprach, so sandte er ihm doch die angeforderte Haubitze.

Tatsächlich hielten sich die Indianer fortan in respektvoller Entfernung, wenn Solms mit seiner Schutztruppe durch die Prärie zog. Schlugen die Männer nachts ihr Lager auf, brauchten sie kaum Wachen aufzustellen. Es genügte, wenn sie bei Dunkelheit einen Schuß aus der Haubitze abfeuerten. Der Donner des Geschützes verfehlte seine Wirkung nicht. Die ganze Nacht ließ sich kein Comanche blicken, und auch am Tage vermieden es die Indianer, sich ihnen zu nähern.

Die Comanchen kommen

Hätte der kleine Trupp an diesem Morgen schon über die Haubitze verfügt, wäre es gewiß nicht zu dem Indianerüberfall gekommen. Andererseits hätte Prinz Solms aber auch nie die Bekanntschaft des tapferen Texas-Rangers Oberst John C. Hays (in Texas als Jack Hays bekannt) und seines Begleiters Johann Rahm gemacht, der aus dem Kanton Schaffhausen in der Schweiz stammte.

Obwohl es noch sehr früh war, brannte die Sonne schon heiß auf die 21 Männer hernieder, die vor einer Stunde in San Antonio aufgebrochen waren und jetzt durch die leicht hügelige Landschaft auf den Medina River zu ritten.

„Wir wollen immer in der Nähe des Flusses bleiben", sagte Solms gerade zu seinem Nebenmann Friedrich Bruns, der vor zwei Jahren aus Hannover nach Texas eingewandert war, „dann ist die Temperatur etwas angenehmer, und gegen Mittag können wir im Schatten der Pekanbäume eine Rast einlegen."

Bruns nickte und schob seinen Sombrero in den Nacken. „Die Sonne meint es verdammt gut. Wir sollten die Pferde schonen und langsamer reiten."

Solms hatte Bruns die Führung des Trupps übertragen, weil er die größere Erfahrung hatte. Er war auf einem Bauernhof aufgewachsen, im Sattel zu Hause und kannte Texas mittlerweile recht gut.

„Sie sind ein ausgezeichneter Reiter", meinte Solms. „Ich habe Sie schon oft im Sattel bewundert. Wann und wo haben Sie reiten gelernt?"

„Schon sehr früh in Deutschland", antwortete Bruns und fügte mit einem Lächeln hinzu: „Meine Mutter behauptete zwar, daß ich schon reiten konnte, ehe ich richtig zu gehen vermochte, aber das wird wohl ein wenig übertrieben sein."

Bruns drehte sich im Sattel um und überzeugte sich, daß die übrigen Reiter noch in kurzem Abstand folgten. Plötzlich riß er die Zügel zurück und hielt sein Pferd an. „Seht dort!" rief er und deutete auf einen mit niedrigem Buschwerk bestandenen Hügel. „Comanchen!"

Solms zog hastig sein Fernrohr aus der Satteltasche und richtete es auf den Hügel. „Ich sehe nur zwei Indianer", sagte er.

„Die anderen werden hinter dem Gestrüpp lauern!" rief Bruns. „Wir müssen sofort zu dem Felsen dort reiten und uns in Sicherheit bringen! Wir besitzen nur Pistolen und können uns deshalb nur auf einen Nahkampf einlassen!"

Solms und Bruns preschten voran, und Sekunden später hatten alle Reiter den schützenden Felsen neben dem Flußufer erreicht. Der Felsbrocken sicherte sie nach vorn gegen die Comanchen ab, während ihnen zwei Dutzend Pekanbäume den Rücken deckten.

Die Männer sprangen von den Pferden, die sie in dem Gehölz festbanden, zogen ihre Pistolen und krochen dann auf allen vieren zu der überhängenden Felswand, hinter der sie einigermaßen sicher und auch gegen die kochende Mittagsglut geschützt waren, die über der Prärie und dem Flußtal lag.

Es hatte schon viele Monate nicht mehr geregnet. Die Sonne hatte die Prärie ausgebrannt, das Gras war verdorrt. Wenn die Hitze noch einige Wochen anhielt, würde der Medina River nur noch ein kleines Rinnsal sein oder ganz versiegen. Oft genug hatten Rinder und Büffel, die im Sommer am Medina River ihren Durst löschen wollten, ein ausgetrocknetes Flußbett vorgefunden und sich eine andere Tränke suchen müssen.

Solms sah angestrengt durch sein Fernrohr zum Hügel hinüber. Er zählte jetzt mindestens vierzig Indianer, die auf ihren Pferden saßen und zu dem Pekanwäldchen herüberblickten, wo sie die Pferde der Deutschen erspäht hatten.

Plötzlich schwirrte ein Pfeil durch die Luft, prallte gegen die Felswand und grub sich dann in den Boden neben Bruns. Die Männer ließen sich nichts anmerken.

„Wir können nicht zurückschießen", sagte Solms zu Bruns, „denn mit unseren Pistolen können wir die Kerle nicht treffen, sie sind zu weit weg. Der eine Karabiner, den wir besitzen, hilft uns nicht viel. Es wäre auch falsch, mit ihm auf die Comanchen zu schießen, sie hätten bald heraus, daß wir nur ein Gewehr mitführen. Sollten sie bis auf Schußweite herankommen, werden wir unsere Pistolen und den Karabiner benutzen. Aber warten wir erst ab!"

Drei weitere Pfeile prallten gegen den Felsen und fielen in den Fluß. Die Comanchen sahen jedoch ein, daß sie den Deutschen, die sich hinter dem Felsen verschanzt hatten, so nicht

beikommen konnten, und schossen plötzlich ein ganzes Bündel Pfeile in die Pekanbäume. Sie wollten die Pferde aufscheuchen, damit sie sich losrissen.

„Wenn das passiert, sind wir verloren!" rief Bruns. „Ohne Pferde werden wir nicht weit kommen und von den roten Teufeln überrannt!" Er schickte zwei Männer los, die auf die Pferde aufpassen sollten.

Auf dem Hügel berieten die Comanchen jetzt, wie den Weißen am besten beizukommen war. Sie entschieden sich, von vorn und in breiter Front anzugreifen. Sie nahmen an, der Gegner sei kaum bewaffnet, weil er auf ihre Pfeile nicht reagiert hatte.

Als sie mit wildem Geschrei auf ihren flinken Pferden vorwärts stürmten und nur noch zwanzig Meter von dem Felsen entfernt waren, feuerte Bruns aus sicherer Deckung den Karabiner ab und traf das Pferd eines Comanchen. Das Tier bäumte sich auf und stürzte zu Boden, seinen Reiter unter sich begra-

bend. Dann setzte ein Pistolenfeuer ein, daß den Comanchen Hören und Sehen verging. Drei, vier, fünf weitere Indianer stürzten getroffen vom Pferd.

Die lange Kette der Angreifer kam ins Stocken. Die Comanchen — Bruns und Solms hatten jetzt etwa fünfzig gezählt — rissen plötzlich ihre Tiere herum und jagten zurück.

„Sie haben ihre erste Lektion weg!" rief Bruns, nahm den Sombrero vom Kopf und wischte sich den Schweiß ab. „Aber lassen wir uns nicht täuschen: das war nur der Anfang, die geben nicht auf und kommen wieder. Schnell wieder laden!"

Bruns zog den Hut tief in die Stirn und lugte vorsichtig um den Felsen. Sofort klatschte ein Pfeil gegen die Steinwand. Bruns zog den Kopf schnell zurück.

Sekunden später setzten die Indianer mit satanischem Geheul zum zweiten Sturmangriff an. Ein wahrer Pfeilregen prasselte auf die Deutschen hinter dem Felsen nieder, verfehlte zum Glück aber sein Ziel.

Die Männer antworteten abermals mit einer Salve aus ihren Pistolen. Als zwei weitere Indianer getroffen zu Boden stürzten, antworteten die Comanchen mit wütendem Geheul.

Plötzlich dröhnte von der anderen Seite des Flusses Gewehrfeuer herüber, das den Indianern galt. Zwei Comanchen wurden in die Brust getroffen und stürzten tot von ihren Pferden.

Die Indianer glaubten jetzt, es mit einer größeren Zahl von Weißen zu tun zu haben. Da sie schon schwere Verluste hatten hinnehmen müssen, suchten sie ihr Heil in der Flucht und stoben über den Hügel davon.

Die Männer atmeten auf und kamen hinter dem Felsen hervor. Neugierig hielten sie Ausschau nach ihren unbekannten Rettern, als zwei Reiter auf der anderen Seite des Flusses auftauchten, die zu ihnen herüberwinkten. Sie lenkten ihre Pferde durch eine seichte Stelle zum anderen Ufer des Medina, wo Solms mit seinen Leuten wartete.

Die beiden Männer sprangen aus dem Sattel. Der größere von ihnen, der einen fünfzackigen Stern auf der Brust trug, trat auf Solms zu.

„Mein Name ist Hays, Captain John Hays von den Texas-Rangern", machte er sich bekannt und tippte mit dem rechten Zeigefinger an seine Hutkrempe. „Dies ist Johann Rahm. Er gehört nicht zu den Rangern, hat mich aber oft begleitet und kennt sich in Texas ausgezeichnet aus."

Hays gab Solms die Hand, der sich ebenfalls vorstellte und sich für die Hilfe im rechten Augenblick bedankte.

Der Captain wehrte ab. „Es ist unser Beruf, den Siedlern in diesem Lande beizustehen." Dann deutete er auf die Pistolen, mit denen die Deutschen ausgerüstet waren: „Ich muß Sie warnen, sich nur mit leichten Waffen in die Prärie zu begeben, das Wagnis könnte Sie unter Umständen teuer zu stehen kommen. Sie müssen jederzeit vor den herumstreunenden Indianern auf der Hut sein, und ihnen können sie nur mit Büchsen oder Karabinern beikommen!"

Als Solms dem Captain von seiner Mission in Texas berichtete, erwiderte Hays: „Ich habe von Ihrem Vorhaben gehört und begrüße die Initiative der Deutschen, sich für die Besiedlung von Texas einzusetzen. Ihre Vereinigung wird es gewiß nicht leicht haben, da sie mit den Verhältnissen des Landes nicht vertraut ist. Vor allem muß ich Sie vor betrügerischen Landspekulanten warnen, die jetzt glauben, ihre Zeit sei gekommen!"

Als Solms auf den Bourgeois-Grant zu sprechen kam, meinte Hays: „Seien Sie froh, daß dieser Vertrag nicht verlängert wurde. Das Land ist zum gegenwärtigen Zeitpunkt für eine Besiedlung völlig ungeeignet, weil es mitten im Indianergebiet liegt und mit Planwagen und Ochsenkarren nicht zu erreichen ist. Ich möchte Ihnen aber helfen, Mr. Solms. Sie befinden sich in einer wenig beneidenswerten Lage. Es sind nur noch wenige

Wochen, bis der erste Auswanderer-Transport aus Deutschland in Galveston eintrifft. Sie besitzen bisher aber nicht einen Quadratmeter Land, auf dem Sie die Menschen ansiedeln können."

Hays teilte ihm mit, daß seinem Begleiter Johann Rahm erst vor einigen Tagen von den beiden Mexikanern Juan Veramendi und Rafael Garza, die etwa 30 Meilen von San Antonio entfernt eine Ranch besaßen, ein Landtrakt für 1 111 Dollar angeboten worden war, der direkt an den Ufern des Comal River lag und sehr fruchtbar war.

Solms entschloß sich sofort, Verhandlungen mit den Mexikanern über den Landkauf zu führen.

„Rahm kann Sie dorthin begleiten", meinte Hays, „er kennt die Gegend und auch die Mexikaner."

Johann Rahm nickte. „Gern stelle ich mich Ihnen zur Verfügung", sagte er zu Solms; „ich werde Ihnen so lange behilflich sein, bis Sie Ihre Siedler untergebracht haben."

Solms bedankte sich bei Hays und Rahm, entgegnete jedoch, daß er zunächst nach Galveston müsse, um die Vorbereitungen für die ersten Einwanderer zu treffen, danach erst könne er sich bei den Mexikanern um den Ankauf des Landes bemühen. Rahm bot sich an, ihn auch nach Galveston zu begleiten, und gern willigte Solms ein. Er entschied sich, seinen Erkundungsritt abzubrechen und zusammen mit Hays nach San Antonio zurückzukehren, wo der Captain noch eine wichtige Verhandlung führen mußte.

Am nächsten Morgen brachte der Postreiter Solms einen Brief. Graf Castell unterrichtete ihn im Namen des Vereins vom Kauf des Fisher-Miller-Grants. „Fisher", so hieß es wörtlich, „den wir inzwischen zum neuen Kolonialdirektor ernannt haben, wird Ende September in Galveston sein und mit Ihnen alles weitere besprechen."

Als Solms den Brief Captain Hays zeigte, meinte dieser: „Ich kenne das Gebiet des Fisher-Miller-Grants genau, Mr. Solms. Es beginnt an den Quellen des Llano-Flusses. Es ist zwar bergiges, aber vortreffliches Land mit gutem Boden, reich bewaldet und bewässert, aber ..."

Hier brach Hays auf einmal ab und zog eine Landkarte aus der Tasche, auf der das Grantgebiet genau eingezeichnet war. Der Captain breitete die Karte auf dem Tisch aus.

„... aber", setzte er dann langsam fort und betonte jedes Wort, „sehen Sie einmal her! Der Grant ist über Austin mit Ochsenkarren oder Planwagen gar nicht zu erreichen. Von San Antonio ist das Land 80 Meilen entfernt, und von der Küste bis San Antonio hätte der Transport der Emigranten 140 Meilen zurückzulegen. Er müßte ein Gebiet durchqueren, aus dem man die Indianer erst verjagen muß. Ein solches Unternehmen wäre schon in seinen Anfängen zum Scheitern verurteilt oder nur mit großen Opfern von Mensch und Tier möglich. Wollen Sie dieses Risiko eingehen?"

Solms schüttelte den Kopf. „Auf keinen Fall werde ich das Leben meiner Siedler unnötig in Gefahr bringen!"

„Dann schlage ich Ihnen vor, etwa auf halbem Wege zu dem Grant eine Niederlassung einzurichten, der Sie dann in gewissen Abständen eine zweite und dritte folgen lassen können. Der Landtrakt der beiden Mexikaner Veramendi und Garza bietet sich als ideale Wegstation geradezu an."

Solms pflichtete Captain Hays bei. Er hatte sich schon selbst mit dem Gedanken getragen, auf dem vorgeschlagenen Landtrakt eine Wegstation einzurichten und diese zu einer kleinen Stadt auszubauen, mit Häusern, Geschäften, einer Schmiede, Stellmacherei und einem Fort.

In einer solchen Stadt, wie sie Prinz Solms vorschwebte, konnten die Siedler auf ihrem langen Weg von der Küste zum Grant erst einmal ein paar Ruhetage einlegen und in den Geschäften ihre Vorräte ergänzen. Der Schmied konnte sich um den Hufbeschlag der Pferde und Ochsen kümmern, und der Stellmacher konnte die Wagenräder ausbessern.

Aus Indian Point wird Carlshafen

Prinz Solms war nicht wenig überrascht, als zwei Tage später ein weiterer Brief Graf Castells ankam. „Wir möchten Sie davon in Kenntnis setzen, daß das erste Emigrantenschiff aus Deutschland, die ‚Weser', bereits nach Texas unterwegs ist und noch im Juli in Galveston anlegen wird. Es handelt sich um 85 Männer, Frauen und Kinder, die Henry Francis Fisher für einen Transport der San Saba Colonisation Company zusammengestellt hatte. Als der Verein im Juni den Vertrag mit Fisher schloß, erklärte er sich gleichzeitig bereit, auch den Transport der San Saba Company zu übernehmen ..."

Solms warf den Brief ärgerlich auf den Tisch. Wie konnte die Vereinsführung in Biebrich nur so leichtfertig handeln und noch einen fremden Auswanderertransport übernehmen, wo doch der am 23. November zu erwartende eigene Transport schon in einer mißlichen Lage steckte und Solms nicht wußte, wo er die Menschen unterbringen sollte!

Er befürchtete, daß er sich kaum um die 85 San-Saba-Siedler kümmern konnte. Wenn er rechtzeitig in Galveston eintraf, wollte er die Einwanderer wohl empfangen und im Namen des Vereins begrüßen, doch dann mußte er ihr Schicksal in andere Hände legen. Keinesfalls durfte er sich länger als einen Tag in Galveston aufhalten, da er dringend einen günstigeren Anlegeplatz für die Auswanderer des Vereins ausfindig machen mußte.

Der Hafen von Galveston war zu weit von der Kolonie entfernt. Außerdem konnte man den Siedlern den Weg über Victoria, Gonzales und Seguin nicht zumuten; diese Orte wurden damals von Banditen und Wegelagerern bevölkert, die das ganze Gebiet unsicher machten. Sie ließen kaum einen Wagenzug ungeschoren, plünderten die Karren und Wagen aus und schossen ihre Begleiter einfach nieder, wenn diese sich zur Wehr setzten.

Eine Umgehung der Orte brachte gleich große Gefahren mit sich. Der Weg nach Westen führte über mehrere Flüsse, die so reißend waren, daß man sie nicht durchqueren konnte, und Brücken gab es noch nicht. Manchem Wagen war es bei dem Versuch, einen reißenden Strom zu durchschwimmen, übel ergangen. Heimtückische Strudel hatten Mensch, Tier und Fuhrwerk in die Tiefe gerissen.

Diese Schwierigkeit löste sich auf traurige Weise. Als Solms mit seiner Schutztruppe in Galveston eintraf, war die „Weser" einige Stunden vorher im Hafen eingelaufen. Aber nur wenige der 85 Emigranten hatten die mehr als acht Wochen dauernde Seereise überstanden. Fast die Hälfte war unterwegs gestorben. Die schlechte Unterbringung an Deck, das Zusammenpferchen auf engem Raum und die stürmische See hatten ihnen so sehr zugesetzt, daß sie ernstlich erkrankten und sich nicht mehr erholten.

Der klägliche Rest des Transportes ging völlig erschöpft in Galveston an Land. Solms gelang es, die verzweifelten Menschen mit ihrer letzten Habe, die sie in Kisten und verschnürten Bündeln mitführten, in einem ehemaligen Lagerhaus unterzubringen und sie der Betreuung des deutschen Arztes Dr. Köster anzuvertrauen. In seinem vierten Bericht, den er am 20. September 1844 von der Nassau-Farm aus an den Verein schickte, schrieb Solms hierzu:

„Der ‚Weser'-Transport wurde zu einer Tragödie. Fast die Hälfte der Einwanderer starb noch auf hoher See, und auch einige der Kranken, die hier an Land gingen, erholten sich nicht mehr, namentlich die Älteren unter ihnen. Wir mußten sie in Galveston begraben.

Der Rest hat sich in dieser Gegend zerstreut und will auch hier bleiben. Auf keinen Fall wollen die Menschen weitere Strapazen auf sich nehmen und sich einem Wagenzug nach Westen anschließen. An mich richteten alle die Frage, ob ihnen ihr Land nicht verlorenginge. Ich habe ihnen versichert, daß sie zu unseren Emigranten gerechnet würden und ihnen gleichgestellt seien. Den Verein frage ich nun, ob sie auch das gleiche Recht genießen, wir ihnen also auch Häuser bauen sollen? Das müßte dann auf Vorschuß geschehen, denn die armen Menschen besitzen nichts mehr, sie haben ihr letztes Geld dem Auswanderungsprojekt geopfert.

Es ist jetzt schon Ende September, und Herr Fisher ist immer noch nicht da. Er sollte sich ja schließlich um den Transport kümmern, den er zusammengestellt hatte. Mich trifft also keine Schuld, wenn jetzt keine Häuser bereitstehen, um die Emigranten aufzunehmen. Die Kosten werden jetzt bedeutend höher ausfallen ..."

Erst in seinem fünften Bericht, den er am 25. Oktober von Galveston aus schrieb, teilte Solms dem Verein mit, daß Fisher nun endlich mit mehrwöchiger Verspätung eingetroffen sei. Was sich in den darauffolgenden Wochen und Monaten abspielte, schilderte Prinz Solms in seinem sechsten Bericht. Am 23. Dezember schrieb er aus Port Lavaca:

„Am 16. November konnte ich endlich mit meinem Trupp aufbrechen und erreichte nach einem beschwerlichen Ritt bei Regen und eisigem Nordsturm am 22. November Port Lavaca. Wir hatten eine Strecke von 150 Meilen zurückgelegt. Am 23. November bestieg ich ein kleines Fahrzeug von 13 Tonnen, das ich gemietet hatte, um die gesamte Küste der Lavaca-Bucht zu erkunden.

Ich war auf der Suche nach einem geeigneten Anlegeplatz, einem Hafen für alle Schiffe, die den Paso-Caballo passieren können. Ich war weiter auf der Suche nach gutem, fruchtbarem Land, auf dem es ausreichend Bau- und Brennholz und frisches Wasser gibt (das Wasser der sich in die Bay ergießenden Bäche und Flüsse ist salzig und ungesund). Schließlich suchte ich einen Ausgangspunkt für den kürzesten Weg nach Westen durch niedriges Prärieland.

Es gibt einen Ort, der diese Erwartungen erfüllt: Indian Point. Etwa 12 bis 15 Meilen unterhalb von Victoria kann man den Guadalupe River an einer flachen Stelle passieren. Von hier aus erstreckt sich niedrige Prärie nach Westen. Nur ein paar Meilen von Indian Point entfernt gibt es bestes, fruchtbares Land. Der Holzreichtum dieses Gebietes ist unermeßlich, man könnte mit ihm ganze Städte errichten. Das wichtigste aber: es gibt mehrere Quellen, die für köstliches Trinkwasser sorgen. Der ideale Platz für eine Ansiedlung!

Ich habe deshalb Indian Point als Hafen für den Verein gewählt und etwa 12 Meilen davon entfernt einen Landtrakt von 1 100 Acre gekauft, der die erste Wegstation werden soll. Ein Fort wird die Ansiedlung gegen Indianerüberfälle schützen. Ludwig Willke, früher preußischer Leutnant im 30. Infanterieregiment, bleibt als Kommandant der Station zurück. Den Ort werde ich ‚Leiningen' nennen, da viele unserer Vereinsmitglieder den Namen Leiningen tragen."

Zur Erinnerung an ihr großes Projekt und ihren Vornamen „Carl", den der Präsident des Vereins, Graf Castell, und der Generalbevollmächtigte Prinz Solms gemeinsam hatten, benannte Solms Indian Point in „Carlshafen" um.

Viele Kolonisten verblieben in Carlshafen oder siedelten in der Nachbarschaft. Später wurde Carlshafen in „Indianola" umbenannt. Heute findet man diesen Namen zuweilen noch auf Landkarten, die Stadt selbst existiert jedoch nicht mehr. Durch Wirbelstürme wurde sie 1875 und 1886 schwer beschädigt und 1962 durch den Hurrikan Carla völlig zerstört.

Zwei Denkmäler erinnern noch an die historischen Ereignisse in Matagorda Bay: ein großes Standbild des Franzosen La Salle, der hier 1685 landete, und eine Gedenktafel, die den ersten deutschen Kolonisten gewidmet ist, die 160 Jahre später von hier aus ihren schicksalsvollen Weg ins Innere des Landes antraten.

Die Entlassung

Am 23. November traf, wie angekündigt, das Segelschiff „Johann Dethardt" aus Bremen im Hafen von Galveston ein. Drei weitere Schiffe, die „Ferdinand", die „Herschel" und die „Apollo", liefen in den nächsten vier Wochen den Hafen an.

Sie hatten zusammen 439 Männer, Frauen und Kinder an Bord, die nach Carlshafen gebracht wurden. Solms ordnete ihre einstweilige Unterbringung in Zelten, Hütten und Lagerhallen an und beauftragte Fisher mit den Vorbereitungen für den Transport von zunächst 200 Siedlern in die Grantgebiete, während er sich mit Rahm, Bruns und einem Teil seiner Truppe auf den Weg nach San Antonio machte, um mit den Mexikanern Veramendi und Garza Verhandlungen über einen Landkauf zu führen. Zu einem Vertragsabschluß kam es aber nicht.

„Ein herrliches Stückchen Land", schrieb Solms noch am selben Tag nach Deutschland, „es wird vom Comal River durchflossen und hat auf der rechten Uferseite üppigen Prärieboden. Auf dem linken Ufer zieht sich ein dichtes Waldgebiet hin, das bis an einen felsigen Höhenzug reicht, auf dem Zedern, Eichen und Ulmen wachsen. Man glaubt sich landschaftlich in den Schwarzwald versetzt. Zwar finden wir überall Spuren von Indianern, die durch den reichen Wildbestand und das herrliche Quellwasser angezogen werden und hier ihre Zelte aufschlagen. Sobald sie jedoch unsere Äxte durch den Wald schallen hören und uns sehen, ziehen sie sich zurück . . ."

Als Solms nach Carlshafen zurückkehrte, erlebte er eine böse Überraschung. Fisher hatte sich in keiner Weise an seine Anweisungen gehalten und sich weder um die Emigranten noch um ihren Weitertransport gekümmert. Lediglich acht Wagen und vier Zugochsen hatte er aufgetrieben und ansonsten die ihm zur Verfügung gestellte Summe von 14 000 Dollar mit vollen Händen ausgegeben.

„Glauben Sie denn im Ernst, Sie könnten mit acht Wagen und vier Ochsen 200 Menschen von hier zur Kolonie befördern?!" rief ihm Solms erbost zu.

Aber alle Vorwürfe ließen Fisher kalt. Nach einem heftigen Wortwechsel kam es dann zum endgültigen Bruch zwischen dem Generalbevollmächtigten und seinem Kolonialdirektor. Solms entließ Fisher auf der Stelle. Als dieser drohte, nach Deutschland zu reisen und den Verein schadenersatzpflichtig zu machen, entgegnete Solms: „Tun Sie das, auch ich werde bald in Deutschland sein, dann werden wir ja sehen, wer von wem Schadenersatz fordern kann. Ich hoffe nur, daß Sie genau Buch geführt haben und dem Verein Rechenschaft über die Verwendung der Ihnen anvertrauten Geldmittel ablegen können!"

Schriftlich setzte er Graf Castell von dem unerhörten Verhalten Fishers in Kenntnis: „Der Mann ist für den Verein untragbar geworden, ich habe ihn daher heute fristlos entlassen. Die ganze Zeit über hat er kaum einen Handschlag für den Verein getan, die ihm übertragenen Aufgaben entweder gar nicht oder sehr nachlässig erfüllt und Tausende von Dollars buchstäblich zum Fenster hinausgeworfen. Durch die von Fisher verursachten hohen Kosten ist die finanzielle Lage des Vereins noch prekärer geworden. Ich weiß nicht, wie wir dem wachsenden Defizit noch Herr werden sollen. Die Emigranten wollten gestern ihre Schuldscheine einlösen, ich habe sie vertrösten müssen, da wir gegenwärtig nicht über flüssige Mittel verfügen. Dabei haben die armen Menschen ein Recht darauf, ihr Geld zu bekommen, das sie für den Verein vorgestreckt haben.

Der Transport wird sich durch die Nachlässigkeit Fishers nun um ein bis zwei Wochen verzögern. Ich bin froh, daß ich mit dem deutschen Speditionsunternehmen Klärner in Galveston eine Übereinkunft treffen konnte. Die Firma wird uns 42 Ochsenkarren und Planwagen und die dazugehörigen Zugochsen, Maultiere und Pferde für den Treck liefern und dem Verein Kredit geben, bis die Misere überwunden ist.

Gleichzeitig empfahl mir Herr Klärner zwei erfahrene Männer, die das Land zwischen Küste und Brazos River genau kennen: den Landvermesser Nikolaus Zink und den Rechnungsführer der Kolonialverwaltung Jean Jaques von Coll. Ich habe beide für den Verein angeheuert und muß mich lobend über sie aussprechen. Sie setzen sich selbstlos und mit ganzer Kraft für unsere Belange ein, stets darauf bedacht, unnötige Kosten zu vermeiden.

Beiden Männern habe ich zu danken, daß der Transport schon recht bald losgehen kann. Sie sind jetzt mit der Aufstellung des Wagenzuges beschäftigt. Coll und Zink sind von mir zu Wagenführern ernannt worden, und ich bin sicher, mit ihnen die rechten Männer an die Spitze des Trecks gestellt zu haben.

Im übrigen bitte ich Sie, mich in nächster Zeit von meinem Amt zu entbinden und einen neuen Generalbevollmächtigten einzusetzen."

Warum Solms die Bitte an den Verein richtete, abgelöst zu werden, ist nicht schwer zu erraten: die Schulden waren ihm in der letzten Zeit derart über den Kopf gewachsen, daß er keinen anderen Ausweg mehr sah, als sich durch Aufgabe seines Amtes aus der Affäre zu ziehen. Die Schuld an dem ganzen Dilemma lag bei den Mitgliedern des Vereins in Biebrich, die sich von Fisher hatten einreden lassen, man könne das gesamte Auswandererprojekt mit den 80 000 Dollar Grundkapital verwirklichen.

Weder Solms noch die anderen Mitglieder waren Kaufleute. Sie verstanden nichts von Buchführung und von Kalkulation. Erst als das Geld in ihrer Kasse mehr und mehr dahinschmolz, wurde ihnen angst und bange. An Solms richteten sie den dringenden Appell, mit dem Geld sorgfältiger umzugehen, da der Verein sonst unweigerlich den Bankrott anmelden müßte.

Wenn jetzt jemand den verfahrenen Karren überhaupt noch aus dem Dreck ziehen konnte, war es ein Finanzfachmann. Der Verein suchte nach einem geeigneten Mann und fand ihn in Baron Otfried Hans von Meusebach. Als preußischer Finanzbeamter brachte er alle Voraussetzungen für einen Generalbevollmächtigten mit. Darüber hinaus verstand es Meusebach, alle Schwierigkeiten und Widerwärtigkeiten zu meistern. Mit seiner ganzen Person setzte er sich für die Belange der Siedler ein und sicherte ihnen nach Abschluß eines Vertrages mit den Indianern den Frieden in ihrer neuen Heimat. Doch darüber an anderer Stelle mehr.

Der große Treck

Am 4. Januar 1845 meldete Prinz Solms dem Verein: „Morgen werden wir mit allen Wagen zum großen Treck nach Westen aufbrechen! Mit der ‚Johann Dethardt' kamen auch die von mir lang erwarteten Waffen und die Haubitze hier an. Ich habe zunächst die zwanzig Männer meiner Ranger-Kompanie mit Büchsen und Karabinern bewaffnet und 108 Männer aus den Reihen der Emigranten, die bereits einen Militärdienst abgeleistet haben. 36 von ihnen erhielten eine Büchse, 39 einen Karabiner, der Rest Pistolen. Ich glaube, daß wir nun ruhigen Gewissens unseren Weg durch die Prärie nehmen können, zumal wir noch dazu die Haubitze bei uns haben, von der ich mir einen besonders wirksamen Schutz erhoffe. Außerdem hat mir Captain Hays fünfzehn seiner Texas-Ranger als Zugbegleitung mitgegeben ..."

Es hatte eine volle Woche gedauert, bis alle 42 Wagen beladen waren, die an diesem Morgen zum großen Treck nach Westen bereitstanden. Neben einigen zweirädrigen Ochsenkarren handelte es sich ausschließlich um Überlandwagen, sogenannte Prärieschoner. Sie waren mit großen Leinwandplanen bedeckt, dick und fest genug, um die Menschen und ihre Habe vor Witterungseinflüssen zu schützen. Vorn und hinten hatten sie schwere, doppelte Holzverschalungen, mit Decken dazwischen, um Staub und Regen abzuhalten.

Zweihundert Menschen, ganze Familien und etwa 40 ledige Männer, hatten sich zu dem Treck durch die Prärie entschlossen. Bis früh um fünf waren die meisten von ihnen noch mit dem Verstauen ihrer letzten Habseligkeiten beschäftigt gewesen.

Nachts hatte plötzlich ein steifer, eisiger Nordwind eingesetzt, der zeitweise in Sturmböen ausartete, die das ganze Küstengebiet der Matagorda Bay erfaßten. Der Sturm legte sich dann aber wieder. Jetzt blies nur noch ein kalter Wind vom Meer herüber.

Schließlich war es soweit. Prinz Solms, der mit Rahm und Bruns an der Spitze des Zuges ritt, gab mit einem Schuß aus seiner Pistole das Zeichen zum Aufbruch. „Vorwärts — los!" riefen die Männer im Chor. Und dann setzte es ein, das Rollen, Rattern und Dröhnen, das Ächzen und Quietschen der langen Wagenkarawane.

Die Räder knarrten bei jeder Umdrehung und schlugen hart an, wenn sie über felsigen Boden holperten. Die Ochsen keuchten, und die Treiber, die neben den Gespannen gingen oder ritten, fluchten und schrien auf die Tiere ein oder grölten und knallten mit den Peitschen.

Hinter Solms ritten zehn Männer seines Trupps, die auf einer Lafette die Haubitze mitführten. Die übrigen zehn ritten zu beiden Seiten der Wagen, während die fünfzehn Texas-Ranger den Schluß der Karawane bildeten.

Der Wagenzug war anderthalb Kilometer lang. Die Spitze der Fuhrwerke bildeten zwei schwere Prärieschoner, riesige Ungetüme aus Hickoryholz, sieben Meter lang, einschließlich des Planendaches dreieinhalb Meter hoch und unbeladen etwa vierzehn Zentner schwer. Allein der Kasten war fünf Meter lang und über einen Meter breit. Wenn ein solcher Wagen mit Fracht und Menschen beladen war, wog er gut eineinhalb Tonnen. Gezogen wurden diese Ungetüme von sechs großen, schweren Pferden.

Die beiden schweren Wagen wurden von Zink und Coll gefahren, sie hatten eine mehrjährige Erfahrung als Überland-Fuhrleute. Ihnen folgten einige zweirädrige Gespanne, die von zwei Ochsen gezogen wurden. Bis zu den nächsten Planwagen hatte man dann eine Lücke für 60 Longhornrinder gelassen, die man ebenfalls mittrieb. Diese Rinder wollte man, wenn ein

Notfall eintrat, schlachten und das Fleisch an die Einwanderer verteilen.

Die nachfolgenden Planwagen waren wieder Conestoga-Fahrzeuge, die diesmal aber von schweren Ochsen gezogen wurden. Ein Gespann zählte 14 solcher Tiere.

Als die Siedler mit ihren Wagen den Guadalupe an einer flachen Stelle passiert hatten, lag das weite Prärieland vor ihnen. Der Wagenzug legte am Tag 22 Kilometer zurück. Immer weiter entfernten sie sich von der Küste, und je mehr sie dem Westen entgegenzogen, desto ausgedörrter war die Erde. Hier hatte es wohl schon lange nicht mehr geregnet. Der Boden brachte nichts hervor als kleine Büschel des harten Büffelgrases, das selbst die Ochsen verschmähten. Es gab weit und breit keinen Stein, nur Wüste und Staub.

Wenn es dunkelte, schlossen sich die Fahrzeuge kreisförmig zusammen und bildeten eine Wagenburg. Den Siedlern, die in der Mitte des Kreises kampierten, gab sie einen gewissen Schutz gegen etwaige Indianerüberfälle. Bis jetzt hatten sie nicht einen einzigen Comanchen zu Gesicht bekommen, und doch wußten alle, daß die Indianer da waren. Aus ihren Verstecken hinter Hügeln, Büschen und Bäumen verfolgten sie jede Bewegung der Siedler.

Am fünften Tag ihrer Reise sollten sie dann zum erstenmal den Comanchen gegenüberstehen.

Der Zug hatte sich eben wieder in Bewegung gesetzt, als Solms sein Pferd zügelte und mit erhobener Hand das Zeichen zum Halten gab.

„Was gibt es?" rief Zink vom Wagensitz zu ihm herüber.

Solms und Rahm zeigten nach vorn. Aus einer Staubwolke waren plötzlich zwölf indianische Reiter aufgetaucht. Als sie sahen, daß die Weißen anhielten, ritten die Comanchen langsam auf sie zu. Etwa zehn Meter von ihnen entfernt hielten auch sie ihre Mustangs an.

Der vordere von ihnen, der zwei Adlerfedern in dem glänzenden schwarzen Haar trug und wohl ein Häuptling war, gab mit erhobener Rechten ein Zeichen, daß er mit den Weißen zu sprechen wünsche.

Solms, Rahm und Bruns ritten zwei Schritte vor und hoben ebenfalls die rechte Hand.

„Wir sind bereit zum Verhandeln!“ sagte Solms in englischer Sprache und hoffte, daß der Indianer ihn verstand.

Tatsächlich nickte der Comanche und erwiderte in gebrochenem Englisch: „Ich Häuptling Schneller Pfeil. Weiße Männer und Frauen besetzen Land von Volk der Comanchen. Was bedeuten?“

Solms antwortete, daß die Deutschen nicht die Absicht hätten, dem roten Volk sein Land wegzunehmen. Sie befänden sich auf dem Wege nach Westen, wo sie bei San Antonio ein Stück Land erworben hätten, auf dem sie sich niederlassen, ihre Felder bebauen und in Frieden mit dem roten Volk leben wollten.

Aber der Comanche winkte ab. „Nicht gehen“, erwiderte er. „Wenn weiterreisen durch Land der Comanchen, dann zahlen oder Krieg!“

„Aha, von dort her weht der Wind“, meinte Solms in deutscher Sprache zu Rahm. „Er verlangt von uns, daß wir ihm etwas geben, sonst wird er uns mit seinen Kriegern an der Weiterfahrt hindern.“

Und zu dem Comanchen gewandt, sagte er: „Was wünscht mein roter Bruder von uns?“

Schneller Pfeil zeigte auf die Rinderherde: „Weißer Mann haben viele Longhorns. Wir verlangen dreißig mal Longhorn. Dann können weiter! Wenn nicht, dann weißer Mann will haben Krieg mit Comanchen!“ Das sagte der Indianer in bestimmtem, forderndem Ton.

„Da hört doch alles auf!“ rief Bruns, zu Solms gewandt. „Der Rote fordert von uns dreißig Rinder!“

„Die wir ihm selbstverständlich nicht geben werden!“ erwiderte Solms. Er versuchte dem Comanchen klarzumachen, daß die Siedler auf die Rinder angewiesen waren, da sie wenig

Lebensmittel bei sich hatten, die Indianer aber ihren Fleischbedarf bei den riesigen Büffelherden deckten.

Doch Schneller Pfeil ließ sich auf keine Verhandlung ein. „Dreißig mal Longhorn — oder Krieg!" wiederholte er mehrere Male. Und dabei blieb er.

„Dann wird eben der große Manitu sein donnerndes Wort sprechen!" erklärte Prinz Solms dem Häuptling und gab seinen Männern heimlich ein Zeichen, die Haubitze in Stellung zu bringen und einen Warnschuß abzugeben.

Ein hellaufleuchtender Feuerstrahl zischte plötzlich gegen den blauen Himmel. Der Donner des nachfolgenden Schusses hörte sich fürchterlich an. Der Boden erzitterte, die Mustangs der Indianer bäumten sich auf, und ihre Reiter waren zu Tode erschrocken. Mit weit aufgerissenen Augen starrten sie auf die Deutschen.

Dann trieben sie, wie vom Teufel gehetzt, ihre Tiere an und suchten das Weite.

Die Lektion war eindeutig, das Geschütz hatte seine Wirkung nicht verfehlt. Fortan wurden die Siedler auf ihrem Zug ins Innere des Landes nicht mehr von den Indianern belästigt, doch alle wußten, daß ihnen die Comanchen ungesehen folgten und aus größerer Entfernung jede ihrer Bewegungen beobachteten.

In den nächsten Tagen und Nächten sollten die Einwanderer mit anderen Schwierigkeiten zu kämpfen haben. Das Wetter schlug plötzlich um. Dunkle Wolken ballten sich drohend über dem Guadalupe zusammen, und dann brach ein Gewitter los, das den Wagenzug mit einem Mal zum Stillstand brachte. Grelle Blitze, die sich in den Fluten des Flusses widerspiegelten, und dumpfe Donnerschläge, die sich von Minute zu Minute verstärkten, deuteten den Siedlern unmißverständlich an, daß es noch schlimmer kommen sollte.

Solms gab Anweisung, die Wagen etwa eine halbe Meile vom Ufer entfernt auf eine Anhöhe zu fahren und sie dort zu einer Wagenburg zusammenzuschließen. Daß er richtig gehandelt hatte, sollte sich schon bald bestätigen, denn kaum hatten

die Männer ihre Wagen in Sicherheit gebracht, als ein Wolkenbruch das Gewitter ablöste. Zwei Stunden prasselte der Regen ununterbrochen auf Mensch und Tier hernieder. Der Guadalupe konnte die Wassermassen nicht fassen und trat über die Ufer.

Erst nach Mitternacht ließ der Regen nach, und als die Morgendämmerung mit trübem Licht heraufzog und die Szene gespenstisch beleuchtete, wurden sich alle des ganzen Ausmaßes der Überflutung bewußt. Das Wasser war so weit über die Ufer getreten, daß es bis an die Wagen reichte, in denen

Frauen und Kinder ängstlich und fröstelnd in ihre Decken gehüllt hockten.

Es dauerte mehrere Tage, bis die Flut zurückging und die Siedler endlich an die Fortsetzung ihrer Fahrt denken konnten. Doch schon beim ersten Versuch sank ein Wagen in den Morast ein. Ein Hinterrad brach, und wieder verstrich ein voller Tag, bis der Wagenmeister Georg Ullrich den Schaden behoben hatte.

Die übermenschlichen Strapazen und Entbehrungen, die die Einwanderer auf ihrem langen Treck von der Küste ins Innere des Landes auf sich genommen hatten, forderten ihr erstes Opfer. Eine 72jährige Frau, die sich mit ihren beiden Kindern dem Zug nach Westen angeschlossen hatte und schon vor einigen Tagen völlig entkräftet zusammengebrochen war, starb an den Folgen einer Lungenentzündung. Sie wurde am Ufer des Guadalupe begraben. Einer der Männer hatte ein Holzkreuz gezimmert und auf den Grabhügel gesetzt. Die übrigen murmelten ein kurzes Gebet, dann ging es weiter.

Mehr als zwei Monate war der Treck nun schon unterwegs, doch Prinz Solms besaß noch keinen Quadratmeter Land, auf dem er die Kolonisten ansiedeln konnte. Er hatte zwar Verhandlungen mit den Mexikanern Veramendi und Garza wegen des 8 856 Acre großen Traktes bei San Antonio geführt, aber noch keinen Kaufvertrag geschlossen. Warum zögerte er? Glaubte er etwa, unterwegs einen noch besseren Landtrakt erwerben zu können?

Die Siedler waren beunruhigt und ungehalten über Solms' Verhalten. „Wir machen diese Reise ins Ungewisse nicht länger mit. Wir wollen endlich wissen, wohin unser Treck geht!" riefen einige erbost und nahmen eine drohende Haltung gegen Solms ein. „Sollen die meisten von uns erst umkommen, ehe wir am Ziel sind?!"

Nun redeten Rahm und Coll auf Solms ein, den Vertrag mit den beiden Mexikanern endlich abzuschließen, ehe ein anderer Landagent ihnen zuvorkommen könnte.

Am 15. März fand sich Solms dazu bereit, mit einigen bewaffneten Männern zur Farm der Mexikaner zwischen Guadalupe und Comal River zu reiten, um den Landkauf perfekt zu machen. Er unterzeichnete den Vertrag und zahlte einen Teil der vereinbarten Summe. Als er am 18. März wieder zum Wagentreck stieß und den Abschluß des Vertrages bekanntgab, atmeten alle erleichtert auf.

Drei Tage später, Karfreitag, den 21. März 1845, durchquerten die Wagen eine Furt des Comal River, um dann am östlichen Ufer endgültig haltzumachen. Das Ziel einer fast drei Monate langen entbehrungsreichen Reise war erreicht.

New Braunfels wird gegründet

Eine solche Betriebsamkeit, wie sie sich in den nächsten Tagen entlang des Flusses entwickelte, hatte der Comal River noch nicht gesehen. Schon gleich nach der Ankunft hatten die Siedler die Wagen entladen. Sie stellten die mitgebrachten Zelte auf und steckten ein großes Gebiet des Ostufers als Lager ab. Mit den Planwagen und Ochsenkarren bauten sie eine Wagenburg um die Lagerstatt, um in jedem Fall gegen unliebsame Störunden durch Indianer gewappnet zu sein.

Prinz Solms ordnete an, daß an die Einwanderer unverzüglich die Landanteile verteilt wurden. Jeder erhielt ein Stadtlos über einen halben Acre (2 000 Quadratmeter) und mehrere Ackerlose über zehn Acre. Landvermesser Nikolaus Zink hatte in den nächsten Tagen und Wochen alle Hände voll zu tun, um die Grundstücke zu parzellieren und die Felder und Bauplätze abzustecken.

Auf einer Anhöhe, die er „Vereinsberg" getauft hatte, ordnete Solms den Bau eines Forts an, um gegen Indianerüberfälle gesichert zu sein. Das Fort schloß auch das Lager und die dort entstehenden Vereinsgebäude mit ein. Das Lager war auf drei Seiten von hohen Palisadenwänden umgeben, während die vierte Seite durch das steile und sehr hohe Ufer des Comal

River gesichert war. Die eigentliche Stadt sollte unterhalb des Forts strahlenförmig entstehen.

In seinem 11. und letzten Bericht an die Generaldirektion des Vereins in Deutschland schrieb Solms: „Die Siedlung habe ich nach meiner Heimatstadt Braunfels an der Lahn ‚Neu-Braunfels' genannt. Das Fort soll den Namen ‚Sophienburg' erhalten; ich will es meiner Verlobten Prinzessin Sophie zu Salm-Salm widmen.

Seit Tagen herrscht auf dem Gelände emsiges Treiben. Die Jahreszeit ist noch nicht zu weit fortgeschritten, um zu säen und zu pflanzen. Die Kolonisten sind von früh bis spät dabei, ihre Felder zu bestellen. Bäume werden gefällt, Holz gesägt, und man beginnt mit dem Bau der ersten Häuser, die schon bald die Zelte ersetzen werden.

Gestern besuchte mich Jack Hays, der inzwischen zum Oberst befördert wurde. Er sagte mir, die östliche Grenze des Fisher-Miller-Grants liege noch etwa siebzig Meilen von hier entfernt, so daß wir nur nach der Gründung von vier bis sechs weiteren Ortschaften die Ländereien des Grants erreichen würden. Es kann unseren Leuten daher wohl ein Grant versprochen werden, jedoch müssen sie sich vor der Hand mit zehn Acre begnügen, die man ihnen in den Städten schenkt. Diese zehn Acre sollen alle erhalten, die auf dem Wege von der Küste aufwärts angesiedelt werden . . ."

Den 28. April hatte Solms für die Bediensteten des Vereins zum Feiertag erklärt. An diesem Tag sollte der schon längst fällige Grundstein für die Stadt und das Fort gelegt werden. Der festliche Akt spielte sich auf dem Vereinsberg vor dem Fort ab, wo sich die Beamten und Angestellten versammelt hatten. Da es eine deutsche Flagge damals nicht gab, ließ Solms die österreichische hissen und mehrere Salven aus der Haubitze abfeuern, die man auf einer geschmückten Lafette den Berg hinaufgefahren hatte.

Natürlich durfte bei der Feier eine Blaskapelle nicht fehlen. Einige Siedler hatten ihre Musikinstrumente aus der Heimat mitgebracht und in den letzten Tagen auf Solms' Geheiß das Lied „Deutschland, Deutschland über alles" eifrig proben müssen, das der Dichter Hoffmann von Fallersleben 1841 geschrieben hatte und das nach der Melodie der von Josef Haydn 1797 komponierten österreichischen Kaiserhymne gesungen wurde. Obwohl das Deutschlandlied erst am 11. 8. 1922 zur Nationalhymne erklärt wurde, sang und spielte man es schon oft in den vierziger Jahren des vorigen Jahrhunderts bei festlichen Anlässen.

Auch während der Grundsteinlegung von New Braunfels schmetterten die Trompeten das Lied ins Tal hinab, begleitet von lauten Paukenschlägen.

Die Mehrzahl der Siedler hatte keine Zeit zum Feiern. Als sie aber die Musik vernahmen und gar die Fahne der Habsburger Monarchie auf dem Mast erkannten, liefen sie auf dem späteren Marktplatz zusammen und hißten aus Protest die Fahne der texanischen Republik.

„Siedler von New Braunfels", rief einer von ihnen und schwenkte dabei bekräftigend seinen Hut, „was soll der Firlefanz da oben mit der Fahne der Despotie? Das soll doch die Grundsteinlegung unserer Stadt im Land der Freiheit sein! Das unfreie Deutschland haben wir ja gerade verlassen, weil wir uns hier eine neue Heimat schaffen wollen und eine neue Existenz. Da singen die das Lied vom Kaiser Franz. Was sollen wir hier damit? Was nützt uns der neue Text ‚Deutschland über alles'. Natürlich werden wir immer Deutsche bleiben. Aber die Sorgen mit der deutschen Politik gehören den Daheimgebliebenen. — Schaut nicht rückwärts! Texas ist frei und unabhängig. Und frei von all den alten Sorgen wollen wir leben. — Unsere Fahne ist jetzt die Fahne von Texas. Es lebe die Freiheit, es lebe die texanische Republik!"

Die Menge der Siedler, die sich um den Sprecher geschart hatte, jubelte diesem zu und stieß Hochrufe aus. Der Bruch mit der Alten Welt schien endgültig.

Seltsame Ansichten

Wie war nun der ganze Flaggenzwischenfall zu erklären? Nur aus allgemeiner Heimatliebe und ein bißchen Gedankenlosigkeit? Oder bewies er tatsächlich etwas über die politische Einstellung des Prinzen Solms? Hatte er sich damit in einen Gegensatz zur Republik und zu Texas setzen wollen?

Wollte er etwa ausdrücken, daß er auf amerikanischem Boden einen Feudalstaat nach deutschem Muster gründen wollte?

Die Mehrzahl der Siedler dachte liberal und republikanisch. Und so dachte auch Ottfried Hans Freiherr von Meusebach, der nach Texas kam, um als neuer Generalbevollmächtigter des Vereins seinen Vorgänger abzulösen.

Er hatte sofort, als er amerikanischen Boden betrat, seinen Adelstitel abgelegt und nannte sich jetzt Hans Meusebach. Er wollte die Freundschaft aller Amerikaner gewinnen. Am liebsten wäre er selbst sogleich in die große Staatenfamilie der USA aufgenommen worden, und er war überzeugt, daß die meisten der deutschen Einwanderer den gleichen Wunsch hegten.

Vorläufig war aber Texas noch ein selbständiger Staat, und niemand kannte die Zukunft. Gespannt versuchte Meusebach zu erfahren, was die Journalisten in New York über Texas schrieben. Aber wütend knallte er die Zeitung auf den Tisch, als er einen Artikel über Solms und die deutsche Besiedlung fand.

„Das ist doch unerhört! Was schreiben die da über meinen Vorgänger? Sollte das wahr sein, daß Solms seine Siedler von denen anderer Nationalitäten streng getrennt halten will? Daß er nicht einmal gestattet, Amerikaner, Engländer, Schweden oder Polen in die Gemeinde aufzunehmen??"

Was bedeutete dieser Artikel? Und was meinte man in New York damit? Schließlich gab es überall in den Staaten geschlossene Siedlungen gleicher Nationalität. Es war einfach

Prinz Carl zu Solms-Braunfels

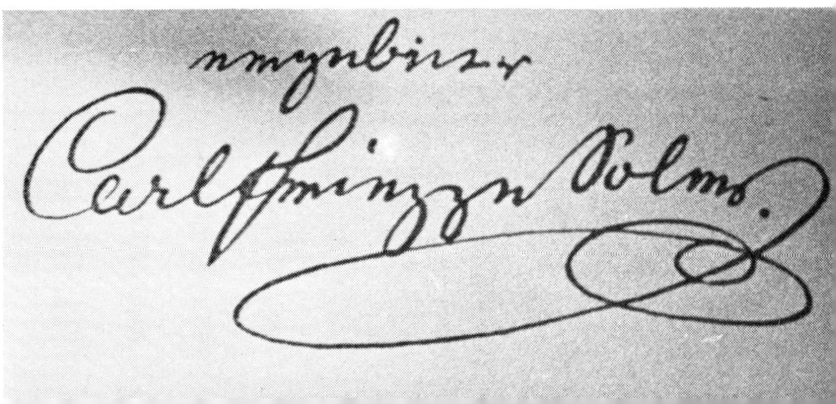

Ottfried Hans von Meusebach

für die Neuankommenden am praktischsten und daher selbstverständlich, daß die Siedler der gleichen Heimatsprache am liebsten zusammen wohnten.

Ja, eine Gemeinde brauchte, um sich zu verwalten, gerade eine Sprache, die alle schon konnten und nicht erst erlernen mußten. Nur die „große Politik", die des ganzen Landes, die überließ man der Regierung in Washington. Da allerdings war man natürlich Amerikaner und Bürger der Vereinigten Staaten. — Das war aber in Texas anders. Für die USA war Texas ja Ausland. Freilich ein Land, dessen Siedler schon aus „Amerika" kamen, dessen Gebiet unmittelbar an die Vereinigten Staaten grenzte und in dem es die USA nicht gerne sahen, wenn Amerikaner den Neueinwanderern aus Europa gleichgestellt wurden oder gar zurückgesetzt.

Meusebach machte daher bald den Vorschlag, auch amerikanische Siedler in die Vereinskolonie aufzunehmen. Doch da erhob sich in Deutschland ein Sturm der Entrüstung.

Am heftigsten empörte sich ein Baron von Ehrenkreuz, der an den Adelsverein schrieb:

„Wie kann man einen Mann wie Meusebach nach Texas schicken?" Eine Vermengung mit den Amerikanern bedeute doch das Ende der deutschen Kolonisation! Statt dessen solle man lieber den deutschen Auswanderern Texas noch schmackhafter machen und sie zu Tausenden dort ansiedeln, die Siedlungen untereinander verbinden und „fest verbinden mit unserem Vaterland."

Auch in Biebrich stand man auf dem Standpunkt, man müsse sich an den Zweck des Vereins halten, nämlich Deutsche anzusiedeln und diesen bei der Auswanderung zu helfen. In erster Linie mußte man den Strom derer unterbringen, die täglich in Galveston ankamen. Mit deren Transport und Unterbringung gab es schon genug Schwierigkeiten!

Außerdem mißtraute man im Adelsverein den vielen Glücksrittern und Abenteurern, die damals zu Tausenden aus den Staaten nach Texas kamen.

Offensichtlich hatte sich Solms über die Zukunft von Texas seine Gedanken gemacht. Von dieser Zukunft einer jungen selbständigen Republik in der Wildnis hing das Schicksal der deutschen Siedler ab.

So erfuhr Meusebach in einem Gespräch mit Nikolaus Zink, daß Solms einen längeren Briefwechsel mit dem englischen Botschafter über eine „deutsche Besetzung von Texas" geführt hatte. Er hatte dem Botschafter vorgeschlagen, „die deutschen Emigranten massiert nach Texas zu werfen und auch die Forts mit Deutschen zu besetzen".

Nicht wenige Engländer standen den Plänen des deutschen Prinzen wohlwollend gegenüber. Sie fürchteten die Nordamerikaner als starke Konkurrenten, die ihnen ihre Vorrangstellung im Handel streitig machen wollten. Ein starkes „Deutsch-Texas" an der Seite Mexikos kam ihnen deshalb wie gerufen.

Vor Wochen hatte Solms an den zweiten Präsidenten der Republik Texas, Anson Jones, geschrieben: „Der Verein zum Schutz deutscher Einwanderer in Texas sähe es gern, wenn Texas unabhängig bliebe und sich nicht dem US-Staatenbund anschließen würde."

Solms bot Anson Jones an, sich aktiv für die Unabhängigkeit der Republik einzusetzen. Er wollte sogar Verhandlungen mit dem mexikanischen General Santa Ana führen. Er nannte ihn einen „würdigen Streiter für den Frieden".

Dieser Ansicht waren freilich die Amerikaner weder in Texas noch in den Staaten. Im Gegenteil! Niemand zweifelte daran, daß Santa Ana wieder Präsident von Mexiko werden wollte und ihm dafür jedes Mittel recht sei. Dazu paßte auch das Gerücht, Santa Ana habe dem Prinzen die Vizepräsidentschaft angeboten.

Meusebach hörte das alles mit großer Sorge und fürchtete, der Verein könne in Mißkredit kommen, wenn Solms, sein bisheriger Repräsentant, öffentlich in den Konflikt um die Selbständigkeit des Landes hineingezogen werde.

Tatsächlich kam dann alles ganz anders. Im Dezember 1845 wurde Texas als 28ter Staat in die Vereinigten Staaten von Nordamerika aufgenommen. Da war Prinz Solms schon längst wieder in Europa.

Die Ablösung

Die Abenddämmerung lag schon über der texanischen Küste, als Hans Meusebach am 8. Mai 1845 von Bord des Schoners ging, der ihn in drei Tagen von Galveston nach Carlshafen gebracht hatte.

An der Anlegestelle wartete Ludwig Willke, der Agent des Vereins. Er schwenkte in der Hand eine große Laterne, deren bleiches Licht auf die Gestalt des neuen Generalbevollmächtigten fiel.

„Herzlich willkommen in Carlshafen!" rief Willke und drückte Meusebachs Hand. „Ich freue mich, daß Sie endlich da sind!"

Schon das Äußere von Solms' Nachfolger bestach. Meusebach war hochgewachsen und breitschultrig, sein Gang aufrecht. Das Markanteste an ihm aber war der wallende feuerrote Vollbart, der die weiße Hemdbrust fast ganz bedeckte.

Dieser Bart brachte ihm bei den Indianern den Namen „El sol colorado" (Rote Sonne) ein. Schon bald verbreitete sich der Name unter den Indianerstämmen zwischen Rio Grande und Red River, und alle Stämme, ob Comanchen, Kiowas oder Lipan-Apachen, sprachen ihn mit großem Respekt aus. Die Waco-Indianer nannten Meusebach Ma-be-quo-si-to-mu, „Häuptling mit dem brennenden Kopfhaar".

Von Willke erfuhr Meusebach, wie es tatsächlich um den Verein stand. Daß ihn 20 000 Dollar Schulden erwarteten, hatte man ihm in Deutschland verschwiegen. Man wollte ihm die Wahrheit nicht sagen, da man befürchtete, er würde von seinem Amt zurücktreten.

Es durfte keine Zeit verloren werden. Schon am nächsten Tag machte sich Meusebach mit Willke auf den Weg nach New Braunfels. In scharfem Ritt legten sie in sieben Tagen 165 Meilen (265 km) zurück.

Am Ziel angekommen, begab sich Meusebach sofort zum Vereinsgebäude. Er hoffte, hier Prinz Solms zu treffen; so war es zwischen ihm und Graf Castell vor seiner Abreise in Biebrich vereinbart worden. Castell hatte Solms schriftlich aufgefordert, auf jeden Fall in New Braunfels auf Meusebach zu warten und nicht eher die Rückreise anzutreten. „Das würde einen schlechten Eindruck machen!" hatte Castell am Schluß seines Briefes geschrieben und den Satz zweimal rot unterstrichen.

Meusebach mußte jedoch enttäuscht feststellen, daß sich Solms trotz der Aufforderung bereits nach Galveston abgesetzt hatte. Er wollte mit dem nächsten Schiff nach Deutschland zurückkehren. Ganz offensichtlich wollte er sich der Finanzmisere entziehen und ein Zusammentreffen mit seinem Nachfolger vermeiden.

Jean von Coll, dem Rechnungsführer des Vereins, war es mehr als peinlich, dem neuen Generalbevollmächtigten Rede und Antwort stehen zu müssen. Meusebach schlug die Hände über dem Kopf zusammen, als er hörte, daß Solms jede Art von Buchführung, wie sie schon im kleinsten Geschäftsunternehmen unerläßlich ist, abgelehnt hatte. Ja nicht einmal Quittungen waren ausgestellt worden, so daß die Zahl der wirklichen Gläubiger gar nicht kontrolliert werden konnte. Betrügern wurde hierdurch Tür und Tor geöffnet. Wer konnte feststellen, ob ihre Forderungen an den Verein zu Recht bestanden? Eine Überprüfung war nicht möglich. Der Verein aber mußte zahlen. Mit dem Kreditbrief über 10 000 Dollar, den er aus Deutschland mitgebracht hatte, ließ sich nicht einmal die Hälfte der Schulden aus der Welt schaffen.

Hans Meusebach folgte Solms unverzüglich nach Galveston. Er hoffte, ihn dort noch anzutreffen, ehe er sich einschiffte. Auf jeden Fall mußte er erreichen, daß sich Solms schriftlich verpflichtete, sich bei dem Verein in Deutschland sofort für eine weitere Kreditaufnahme einzusetzen.

Meusebach hätte sich nicht zu beeilen brauchen. Er fand Solms noch in Galveston vor, allerdings unter Umständen, die er sich nicht hatte träumen lassen.

Gläubiger hatten Solms erkannt und von ihm 9 000 Dollar verlangt, die der Verein ihnen noch schuldete. Es stellte sich jedoch heraus, daß der Prinz über einen so hohen Betrag gar nicht verfügte. Als Solms dann versuchte, heimlich auf das

Schiff zu entkommen, ließen ihn die Kolonisten kurzerhand vom Sheriff festnehmen und ins Gefängnis sperren.

„Erst das Geld, dann kommst du wieder raus!" rief ihm dieser zu, als er ihn mit derben Püffen in die Zelle beförderte und die schwere Gittertür hinter ihm verschloß.

Zwei Tage und Nächte mußte Solms in der halbdunklen Gefängniszelle verbringen; dann erschien Meusebach als Retter in der Not, beglich die Schulden der Kolonisten mit dem Kreditbrief und befreite den Prinzen aus seiner wenig beneidenswerten Lage.

Unter den gegebenen Umständen war Solms hocherfreut, Meusebach doch noch zu sehen. Er versprach hoch und heilig, den lückenlosen Bericht seines Nachfolgers über die Finanzsituation den Vereinsdirektoren in Biebrich vorzulegen und sich für die Bereitstellung weiterer Geldmittel einzusetzen.

Aber Meusebach hörte nichts aus Deutschland. Der Verein schien das hohe Schuldkonto einfach zu ignorieren. Statt dessen teilte ihm Castell einige Wochen später mit, daß im Herbst ein weiterer Transport mit 4 000 Auswanderern in Galveston eintreffen werde.

Meusebach war außer sich. „Die Herren in Biebrich sind entweder so naiv und arglos, wie sie sich geben, oder sie wollen die Wirklichkeit nicht sehen", sagte er an diesem Nachmittag zu Coll. „Durch die vielen Menschentransporte verschlimmern sie die Lage nur noch. Wenn das so weitergeht, können wir die Tage an unseren Fingern abzählen, bis der Verein pleite ist!"

In diesem Augenblick klopfte es. Die Tür öffnete sich, und ein hagerer, aufgeschossener Mann, etwa Mitte Vierzig, trat ein. Sein abgetragener Anzug war staubbedeckt, sein breitrandiger Hut durchgeschwitzt.

„Verzeihen Sie", wandte sich der Mann mit heiserer Stimme an Meusebach und Coll und nahm seinen Hut ab, „ich bin eben in New Braunfels angekommen. Meine Frau und meine beiden Kinder warten draußen im Planwagen. Mein Name ist Schüler, Alexander Schüler. Wir sind Deutsche und hörten von der

Gründung der Stadt New Braunfels. Ist es möglich, daß wir hier siedeln? Seit 1840 befinden wir uns auf der Flucht vor den Indianern. Es begann mit dem Massaker von Linnville, das wir Gott sei Dank heil überstanden. Zwei Jahre später wurde unsere Farm, die wir uns am Guadalupe aufgebaut hatten, ein Opfer der Comanchen. Wir verloren unser Hab und Gut und retteten nur unser nacktes Leben. Ich glaube kaum, daß meine Frau noch einmal eine so schreckliche Zeit durchsteht. Wir möchten hierbleiben. Vielleicht brauchen Sie einen Schmied? Das ist mein Beruf . . ."

„Jeder Handwerker ist uns willkommen", entgegnete Meusebach. Er war aufgestanden und hatte seine Hand auf die Schulter Schülers gelegt. „Doch wären Sie keiner, würden wir Sie genau so herzlich in die Gemeinschaft von New Braunfels aufnehmen. Betrachten Sie sich also als einen der Unsrigen. Und nun holen Sie auch Ihre Familie herein!"

Über eine Stunde lang unterhielt sich Meusebach mit ihnen und ließ sich ihr Schicksal schildern. Die armen Menschen hatten in den letzten fünf Jahren Furchtbares durchgestanden.

Wie war es zu dem Aufstand der Indianer und dem Massaker von Linnville gekommen?

Auf dem Kriegspfad

Die Kopfwäsche der Squaws

Zu Beginn des Jahres 1840 mehrten sich die Überfälle der Comanchen auf die weißen Ansiedlungen in Texas. Die Indianer wüteten wie die Teufel, steckten die Hütten der Siedler in Brand, zerstörten ihre Felder und trieben ihre Pferde und Rinder fort. Viele Weiße wurden getötet und skalpiert, andere zu Gefangenen gemacht. Besonders Frauen und Kinder wurden von den Comanchen verschleppt und später als Druckmittel benutzt. Sie ließen sie nur gegen ein hohes Lösegeld frei, das meistens aus Pferden bestand.

Manchmal forderten sie auch den Abschluß eines Friedensvertrages von den Weißen, wie an jenem 9. Januar 1840, als drei Comanchen-Häuptlinge zum Fort San Antonio ritten und den rothaarigen Texas-Ranger Henry W. Karnes zu sprechen verlangten.

Drei Tage lang hatten die Indianer am Lagerfeuer Kriegsrat gehalten. Dann waren sie übereingekommen, eine Abordnung nach San Antonio zu schicken, um mit den Texanern einen Friedensvertrag auszuhandeln.

Oberst Karnes empfing die drei Häuptlinge in seinem Dienstzimmer und ließ sich ihr Anliegen vortragen. Nach kurzem Schweigen erwiderte er: „Dem Abschluß eines Friedensvertrages steht nichts im Wege, wenn die Comanchen die dreizehn weißen Gefangenen freilassen, von deren Existenz wir wissen!"

Die Häuptlinge hatten aufmerksam zugehört und ihre Blicke unverwandt auf Karnes gerichtet, als dieser seine Forderungen stellte. Jetzt nickten sie, erklärten sich einverstanden und versprachen, in zwanzig Tagen mit den Gefangenen zurückzukehren.

Die Comanchen waren kaum fort, als sich Oberst Karnes auch schon an den Schreibtisch setzte und einen ausführlichen Brief an General Albert Sidney Johnston, den derzeitigen Kriegsminister, schrieb. Er berichtete ihm von dem plötzlichen Auftauchen der Indianer und schlug vor, gewisse Sicherheitsmaßnahmen zu treffen.

„Ich traue keinem Comanchen über den Weg", schrieb er. „Zu oft schon haben sie ihre Versprechen gebrochen. Es erscheint daher angebracht, drei Unterhändler nach San Antonio zu beordern, die ermächtigt sind, mit den Comanchen zu verhandeln, wenn sie zurückkommen. Ferner ist die Entsendung von drei Kompanien Soldaten ratsam. Sie sollen die Indianer erforderlichenfalls so lange in Gewahrsam nehmen, bis sie alle Gefangenen abgeliefert haben . . ."

Karnes selbst konnte bei den Verhandlungen nicht zugegen sein, er mußte dienstlich nach New Orleans.

Einige Tage später schon trafen drei Kompanien Infanterie unter Oberst Fisher in San Antonio ein.

Oberst Karnes hatte die Ankunft der Soldaten noch abgewartet. Er führte mit Fisher ein längeres Gespräch, in dem es vor allem um die Sicherung des Forts ging. Man konnte nicht wissen, was die Comanchen im Schilde führten, wenn sie überhaupt wiederkamen.

Eine Stunde später schwang sich Karnes in den Sattel, um nach New Orleans zu reiten. Unterwegs mußte er an ein wenig erfreuliches Erlebnis denken, das er vor sechs Monaten mit den Comanchen hatte.

Damals hatte er sich mit einigen Texas-Rangern auf einem Erkundungsritt befunden, als er in einem Taleinschnitt plötzlich von mehreren Comanchen-Kriegern umzingelt und überwältigt wurde. Die Indianer brachten ihn ins Lager, wo sie ihn den wütenden Frauen überließen. Die Squaws rissen ihm die Kleidungsstücke vom Leibe und zerrten ihn an Händen und Füßen zu einem nahegelegenen Bach.

Und dann begann für Karnes eine Tortur, die er sein Leben lang nicht mehr vergessen sollte. Die Amazonen rissen an seinen roten Haaren und zerrten seinen Kopf unter Wasser, um ihn zu waschen. Die Indianerfrauen glaubten nämlich, Karnes' Haar sei gefärbt und müsse durch die Prozedur schwarz werden wie ihr eigenes.

Obwohl der Oberst immer wieder beteuerte, daß sein Haar tatsächlich rot und nicht schwarz sei, ließen die Squaws nicht von ihm ab. Sie rieben das Haar ohne eine Spur von Mitleid weiter und hielten seinen blutenden und schmerzenden Kopf immer wieder unter Wasser, daß ihm fast die Luft ausging. Wehrte er sich, schlugen die Indianerinnen mit Fäusten auf ihn ein.

Endlich, nach einer halben Stunde, schienen sie das Vergebliche ihres Bemühens einzusehen. Sie waren der Wascherei überdrüssig geworden und überließen Karnes wieder ihren Männern.

Abends zündeten die Comanchen ein gewaltiges Feuer an. Singend und schreiend tanzten sie um die hellauflodernden Flammen, die ihre kriegsbemalten Gesichter wie Teufelsmasken erscheinen ließen. Während des Tanzes schwangen sie drohend ihre Tomahawks gegen den mißhandelten Karnes, den sie an einen Baum gefesselt hatten.

Als der Kriegstanz seinem Höhepunkt entgegenging und die Aufmerksamkeit der Indianer mehr auf die Zeremonie als auf ihren Gefangenen gerichtet war, gelang es Karnes, sich seiner Fesseln zu entledigen und in einem günstigen Moment im Gebüsch unterzutauchen.

Sechs Tage irrte er durch die Prärie, nur mit ein paar Fetzen bekleidet. Seine einzige Nahrung bestand aus Wurzeln und Beeren. Dann kam die Rettung, als er am siebten Tag auf eine

Kavalleriepatrouille stieß, die ihn nach San Antonio brachte. Es war daher kein Wunder, daß Oberst Karnes nicht gut auf die Comanchen zu sprechen war.

Aufstand im Fort

Mit einigen Wochen Verspätung, am 19. März — im Fort hatte niemand mehr geglaubt, daß die Indianer noch kommen würden —, meldete ein Außenposten, daß sich eine Gruppe Comanchen dem Fort näherte.

„Ich habe 65 Indianer gezählt“, rief er, „unter ihnen zwölf Häuptlinge und auch Frauen und Kinder!“

Vergeblich hielten die Soldaten nach den dreizehn weißen Gefangenen Ausschau. Sie sahen nur eine einzige Gefangene, die sie in ihrer Mitte mitführten; ein zehnjähriges Mädchen mit Namen Matilda Lockhart, wie sich später herausstellte. Matilda war vor drei Jahren mit ihrer Mutter von den Comanchen verschleppt worden. Die Indianer hatten ihre Farm überfallen, die Gebäude niedergebrannt und ihren Vater, als er sich zur Wehr setzte, erschossen. Matildas Mutter war nach wenigen Monaten aus Gram gestorben.

Den Häuptlingen wurde gestattet, den Verhandlungsraum zu betreten und die weiße Gefangene mit hereinzubringen. Die übrigen Comanchen mußten im Hof des Forts warten.

Der Kommandant zeigte auf das Kind: „Wo sind die übrigen Gefangenen? Die roten Männer versprachen vor einigen Wochen, alle dreizehn Weißen abzuliefern!“

„Wir haben nur eine Gefangene“, erwiderte der glatzköpfige Medizinmann Muk-war-rah, der sich zum Sprecher seiner Stammesbrüder machte, in gebrochenem Englisch. „Zwölf sein Gefangene von anderen Stämmen.“

Die Comanchen hatten nicht mit der Schlagfertigkeit ihrer kleinen Gefangenen gerechnet. Matilda, die dem Gespräch aufmerksam gefolgt war, fiel dem Medizinmann unerschrocken ins Wort und rief den Offizieren zu:

„Glauben Sie ihm kein Wort! Er lügt! Ich habe die übrigen Gefangenen noch vor ein paar Tagen im Camp gesehen!"

Die Offiziere nahmen die aufgeweckte Zehnjährige beiseite und stellten ihr einige Fragen. Matilda hatte im Lager die Unterhaltung einiger Häuptlinge belauscht. Sie hatte in den drei Jahren ihrer Gefangenschaft die Sprache der Comanchen recht gut erlernt. Die Häuptlinge wollten nur die eine Gefangene abliefern, die anderen aber als Druckmittel zurückhalten und erst nach und nach freilassen. Dadurch hofften sie von den Weißen größere Vorteile für sich zu erpressen.

Es trat eine Pause in der Verhandlung ein, da sich die Offiziere zu einer kurzen Beratung zurückzogen. Offenbar dauerte es Muk-war-rah zu lange. Sarkastisch brach er das Schweigen:

„Ihr habt gehört, wir nur haben eine Gefangene. Wie gefällt euch unsere Antwort?"

Die Offiziere waren erbost über die unverschämten Worte des Indianers. Captain Howard erhielt den Befehl, eine Kompanie Soldaten hereinzuholen, die den Versammlungsraum besetzte. Als die Soldaten ihre Stellungen bezogen hatten, wandte sich der Kommandant an die Häuptlinge:

„Eure Forderungen auf Abschluß eines Friedensvertrages wären von uns erfüllt worden, wenn ihr uns, wie vereinbart, dreizehn und nicht eine Gefangene gebracht hättet. Die Häuptlinge der Comanchen haben ihr Wort gebrochen und müssen sich daher so lange als Gefangene des Forts betrachten, bis sie die anderen zwölf Weißen freilassen. Sie sollen ihre roten Brüder, die draußen im Hof warten, ins Lager schicken, die Gefangenen zu holen!"

Der Kommandant hatte langsam und bestimmt gesprochen. Jetzt wandte er sich um und trat in den Nebenraum. Kaum hatte er jedoch die Tür hinter sich geschlossen, als einer der Häuptlinge ihm wuterfüllt nacheilte. Sich kampflos einem weißen Feind ergeben zu müssen ging gegen seine Comanchenehre.

Als er auf die Tür zusprang, stellte sich ihm ein Wachtposten in den Weg. Es kam zum Handgemenge. In der Rechten des

Häuptlings blitzte plötzlich ein Messer, das den Soldaten in die Brust traf. Captain Howard, der dem Posten zu Hilfe eilen wollte, wurde am Arm verletzt.

In diesem Augenblick sprangen die übrigen Häuptlinge wie auf ein Zeichen auf. Sie zogen Messer und Tomahawks hervor, es kam zum Kampf Mann gegen Mann. Die Soldaten waren jedoch in der Überzahl und entschieden das Scharmützel für sich.

Die restlichen Krieger und die Frauen und Kinder, die im Hof warteten, setzten sich ebenfalls verzweifelt zur Wehr, als man sie gefangennehmen wollte. Da griff eine weitere Kompanie Soldaten unter Captain Redd ein. Sie trieben die Indianer in ein Steingebäude und schossen die Männer nieder.

Zweiunddreißig Comanchenkrieger sowie drei Frauen und Kinder waren bei dem Gemetzel getötet worden, 27 Frauen und

Kinder wurden gefangengenommen. Auf texanischer Seite zählte man sieben Tote und acht Verwundete.

Die Texaner schickten eine der Squaws ins Lager der Comanchen zurück. Sie sollte ihren Stammesbrüdern und -schwestern mitteilen, daß man im Fort bereit sei, die Gefangenen auszutauschen. Nach einigen Tagen kehrte die Indianerfrau mit zwei weißen und vier mexikanischen Gefangenen zurück. Als Gegenleistung verlangte sie die Freilassung der 27 Indianerfrauen und Kinder. Den Rest wollten die Comanchen mit Pferden bezahlen, da sie nicht mehr weiße Gefangene hätten.

Oberst Fisher, derzeitiger Kommandant des Forts, ließ sich jedoch auf keinen Handel mit Pferden ein. Er forderte die Indianer auf, alle weißen Gefangenen herauszugeben, oder die Frauen und Kinder der Comanchen würden nicht freigelassen.

Der Oberst wartete vergeblich auf eine Antwort. Die Comanchen hatten sich anders entschieden. Sie wollten von nun an den Weißen erbitterten Widerstand entgegensetzen und ihnen einen Kampf bis aufs Messer liefern.

Das Massaker von Linnville

Der Verlust von zwölf Häuptlingen hatte die Comanchen schwer getroffen. Es sollte noch einige Zeit vergehen, bis sie sich von diesem Schlag erholten. Zunächst zogen sie sich erst einmal an die oberen Flußläufe zurück, um am Lagerfeuer mit den Nachbarstämmen die Situation zu beraten und Rachepläne zu schmieden.

Anfang August traten die Comanchen dann zu einem Vergeltungszug an, der alle bisherigen Überfälle in den Schatten stellte. Mord, Raub und Brand zeichneten ihren Pfad, der von Blut getränkt war und fast drei Jahrzehnte lang Texas durchziehen sollte.

Es begann am 5. August, als mehrere hundert berittene Comanchen die Lavaca-Siedlung, heute Halletsville, umzingelten, die wenigen Hütten niederbrannten, den Farmer Tucker Foley töteten und den Arzt Dr. Joel Ponton schwer verletzten. Ponton konnte sich aber, von den Indianern unbemerkt, zur Nachbarsiedlung schleppen und Alarm schlagen.

Der deutsche Siedler Adam Zumwalt scharte sofort 36 bewaffnete Männer um sich und ritt den Comanchen nach. Auf halbem Wege zum Plum Creek trafen sie den Post-Expreßreiter, der berichtete, daß sich mehrere hundert Comanchen auf dem Weg nach Victoria befänden und bereits von dem Texas-Ranger Ben McCulloch und 24 Mann verfolgt würden.

Am Guadalupe vereinten sich Zumwalts und McCullochs Trupps mit einer Kompanie Soldaten aus dem DeWitt County unter dem berühmten Indianerkämpfer John J. Tumlinson, der nun über 125 Männer verfügte, mit denen er die Verfolgung der Comanchen aufnahm.

Die Indianer hatten unterdessen Victoria erreicht und fielen über die Stadt her. Sie töteten dreizehn Menschen, darunter einen Deutschen, sieben Neger und einen Mexikaner. Sie erbeuteten über 1 500 Pferde und machten eine Frau mit Namen Helen Crosby und ihr Kind zu Gefangenen. Mrs. Crosby war die Enkelin Daniel Boones, des Entdeckers von Kentucky.

Ein Franzose konnte den Roten noch rechtzeitig entkommen, indem er auf eine Eiche kletterte und sich in dem langen Moos versteckte, das girlandenförmig von den Ästen herunterhing.

Am frühen Morgen des 8. August, einem Samstag, holten die Comanchen zum vernichtenden Schlag gegen Linnville aus, einem Ort in der Lavaca-Bucht, der nur aus wenigen Häusern bestand und einen kleinen Anlegeplatz hatte.

Eine genaue Schilderung des Überfalls hat der Amerikaner William H. Watts in seinen Aufzeichnungen festgehalten. Watts konnte dem Inferno der Roten entkommen, sein Bruder wurde durch zwei Pfeile der Comanchen getötet.

„Die Indianer tauchten kurz vor acht Uhr in Linnville auf. Sie wurden von einem Siedler entdeckt, als sie noch gut zwei Meilen von dem Ort entfernt waren. Da niemand von uns geglaubt hatte, daß die Rothäute so weit ins untere Land vordringen würden, waren wir alle arglos. Wir dachten erst, es handele sich um eine Karawane mexikanischer Händler, die oft zur Küste herunterziehen.

Sie ritten langsam, ohne Anzeichen von Eile. Offenbar wollten sie die Bewohner in Sicherheit wiegen. Ihre Reiterkette bildete die Form eines Halbmondes, der sich zu den Häusern hin immer mehr schloß, so daß uns als einziger Ausweg die Bucht blieb. Viele von uns trauten dem friedlichen Verhalten der Comanchen nicht. Sie brachten sich mit ihren Frauen und Kindern auf einem Frachtschiff in Sicherheit, das gerade in der Bucht angelegt hatte."

Auch die deutsche Familie Schüler entkam auf diese Weise dem Massaker, das die Comanchen kurz darauf mit wildem Kriegsgeschrei begannen. Sie brannten Haus um Haus nieder, zerstörten Inventar und Lebensmittel und trieben über hundert Rinder und Kälber in Pferche, die sie anzündeten. Mit ihren Messern und Lanzen machten sie sich über den Rest der Tiere her. Die Luft war erfüllt vom Gebrüll der gepeinigten Rinder, in das sich überall die wilden Schreie der Roten mischten.

Ohnmächtig mußten die geflüchteten Bewohner der Vernichtung ihrer Stadt vom Frachter aus zusehen. Sie konnten nichts gegen die Comanchen unternehmen, da sie ihre Waffen in den Häusern zurückgelassen hatten.

Bevor die Indianer das letzte Haus, einen General Store, anzündeten, machten sie sich über das Warenlager her. Sie räumten das Textillager völlig aus, zogen sich Anzüge und Kleider der Weißen über und stülpten sich Hüte oder mexikanische Sombreros über ihre federgeschmückten Köpfe. Die Häuptlinge hatten es dabei auf die hohen, schwarzseidenen Zylinderhüte abgesehen, die gerade in Mode gekommen waren und auch ihren Weg von Europa nach Amerika gefunden hatten. Bunte Bänder und Brüsseler Spitzen, die sie ballenweise in dem Warenhaus fanden, banden sie ihren Mustangs in die Mähnen und Schweife.

Als sich die Comanchen in der Abenddämmerung endlich wieder auf den Rückweg machten, glich die Kavalkade eher einem grotesken Karnevalszug als einer Schar wilder Krieger.

Erst am nächsten Morgen wagten sich einige Siedler von Bord des Frachters und schlichen vorsichtig durch die Bucht in den Ort. Die Indianer waren verschwunden, sie hatten Linnville dem Erdboden gleichgemacht. Außer glimmenden Holzbalken, fünf getöteten Bewohnern und zahlreichen Tierkadavern erinnerte nichts mehr daran, daß hier noch vor einigen Stunden eine Ansiedlung gestanden hatte.

Zwanzig Menschen hatten die Comanchen zu Gefangenen gemacht und verschleppt. Außerdem hatten sie etwa dreitausend Pferde und Maultiere davongetrieben. Viele der Tiere waren mit der Beute beladen, die sie in den Häusern und im General Store gemacht hatten.

Taufe einer zweiten Wegstation

Das Indianerproblem, mit dem Meusebach seit seiner Ankunft in Texas überall konfrontiert wurde, war für ihn völlig neu. In den Besprechungen, die er mit Graf Castell und den anderen Vorstandsmitgliedern des Vereins in Biebrich geführt hatte, war nie von Indianerüberfällen die Rede gewesen. Vermutlich hatte es Fisher 1844 bei seinen Verhandlungen sorgsam vermieden, das Wort „Indianer“ auch nur zu erwähnen, um seinen Land-Grant loszuwerden.

Eins war ihm sehr bald klar: Wollte man die Kolonisten in dem entfernten Gebiet sicher ansiedeln, dann gab es nur eine Möglichkeit, man mußte die Freundschaft der Comanchen gewinnen und einen dauerhaften Friedensvertrag mit ihnen schließen.

Zu gern hätte Meusebach seinen Plan sofort in die Tat umgesetzt und Verhandlungen mit den Comanchen aufgenommen. Er mußte ihn aber auf später verschieben, da sich ihm ein anderes Problem aufdrängte, mit dem er zuvor fertigwerden mußte und das keinen Aufschub duldete: Castell hatte mehrere tausend Emigranten angekündigt. Wo sollten die Menschen angesiedelt werden?

Mit einer Gruppe von Männern, unter ihnen Henry Fisher, brach Meusebach zu einem mehrwöchigen Erkundungsritt in das Gebiet des Fisher-Miller-Grants auf. Fisher, der seinen Claim an die Deutschen verkauft hatte, war nach Ansicht Meusebachs der wichtigste Mann der Gruppe, da er den Grant genau kannte und die kleine Reiterschar anführen konnte.

Wenn Meusebach aber gehofft hatte, Fisher würde den ganzen Ritt mitmachen, sah er sich schon bald getäuscht. Der Landagent ritt nur bis zum Twin Sisters Creek mit, etwa sechzig Meilen von New Braunfels entfernt. Dann kehrte er um, und alles Zureden der anderen half nichts.

Fisher wußte, daß der Land-Grant, den er dem Verein verkauft hatte, von feindlichen Indianern bewohnt war, und wollte unter allen Umständen ein Zusammentreffen mit den Comanchen vermeiden.

Meusebach setzte den Ritt mit seinen Begleitern fort. Die kürzeste Entfernung von New Braunfels zur Grant-Grenze betrug etwa 150 Meilen. Der Trupp ritt bis weit in das nördliche Gebiet hinein und stieß unterwegs auf kleinere Gruppen von Indianern, jedoch auf keinen einzigen Weißen. Nun erkannte Meusebach, daß man an eine Besiedlung des weiten Raumes erst denken konnte, wenn zwischen New Braunfels und dem Fisher-Miller-Grant eine weitere Wegstation errichtet worden war.

Auf ihrem Rückweg machten die Reiter am Pedernales River halt und schlugen ihr Lager am Flußufer auf. Ganz in der Nähe erlegte man einen kapitalen Bären. Die saftigen Steaks, die sich die Männer auf Holzkohle zubereiteten, mundeten allen vorzüglich. Ein paar Wildtauben, die man am Fluß schoß, und köstlicher wilder Honig aus Baumhöhlen bereicherten ein Mahl, wie es die Männer schon lange nicht mehr genossen hatten.

Meusebachs Interesse an dem idealen Landstrich war geweckt. Ein Ritt in die nähere Umgebung lieferte ihm den Beweis, daß er eine fruchtbarere Gegend bisher nicht gesehen hatte. Auf einem Hügel angelangt, zügelte er sein Pferd. Sein Blick schweifte über das weite Tal mit dem knietiefen, saftigen Gras und den hohen, majestätischen Eichen, die das Flußufer säumten. Überall in der Luft war der Geruch des Salbeis, ein starker, würziger Duft, der die Sinne gefangennahm.

„Hier und nirgendwo anders wird unsere zweite Stadt entstehen!" sagte Meusebach laut. Der Anblick des Landes überwältigte ihn und erinnerte ihn an die Schweiz und an den Schwarzwald. „Wir werden die Stadt Friedrichsburg nennen", fuhr er fort, „zu Ehren von Prinz Friedrich von Preußen!"

Prinz Friedrich hatte sich von Anfang an für das Kolonisationsprogramm eingesetzt, als Meusebach ihn damals in Berlin aufgesucht hatte. Außerdem war er der Ranghöchste im Vereinsdirektorium.

Als Meusebach nach New Braunfels zurückkehrte, machte er sich sogleich daran, Pläne für eine Kolonisierung von Fredericksburg, wie es später genannt wurde, auszuarbeiten. Er stellte einen Arbeitstrupp von 36 Männern zusammen, dem mehrere Landvermesser angehörten und der von Leutnant Louis Bene geleitet wurde. Bene erhielt den Auftrag, eine Straße von New Braunfels zum Pedernales anzulegen, die von den Einwanderern benutzt werden konnte.

Bene traf mit den Männern Ende Dezember 1845 am Pedernales ein. Sie führten einen mit Werkzeug beladenen Wagen mit. Zunächst ging man daran, aus schweren Eichenstämmen ein Blockhaus zu zimmern, das dem Verein später als Hauptquartier dienen sollte. Das Haus erhielt an den Seiten Schießscharten und war so gebaut, daß es Indianerangriffen standhielt.

Während ein Teil der Männer mit den Bauarbeiten beschäftigt war, teilten die Vermesser das Land in Parzellen auf und fertigten eine genaue Karte von dem Gebiet an.

Im Februar 1846 machte sich der berittene Trupp auf den Rückweg nach New Braunfels. Ehe die Männer den Pedernales verließen, vergruben sie neben einer riesigen Lebenseiche das Handwerkszeug, das später von den Siedlern wieder benutzt werden konnte. Nachdem sie die Grube mit Erde zugeschüttet hatten, machten sie über der Stelle ein Feuer. So verwischten sie die Spuren der vergrabenen Werkzeuge, die sonst leicht von den Indianern hätten gefunden werden können.

Fredericksburg entsteht

Zwanzig Planwagen und zweirädrige mexikanische Ochsenkarren mit 120 Siedlern brachen am Donnerstag, dem 23. April 1846, von New Braunfels nach Fredericksburg auf. Mit der Führung des ersten Wagenzuges war Leutnant Bene beauftragt, dem acht Ranger zur Bedeckung zugeteilt waren.

Da die geplante Straße zum Pedernales noch nicht ausgebaut war, kam der Zug oft zum Stillstand, wenn die hochgeladenen Wagen über das unwegsame Gelände holperten. Immer wieder mußten die Kolonisten Steine und Felsbrocken sammeln und damit einen provisorischen Weg oder Damm bauen.

Sechzehn Tage sollte der mühsame Treck zum Pedernales dauern. Ihr letztes Lager vor Erreichen des Zieles schlugen die Siedler an der Südseite des Flusses auf. Hier trafen sie mit freundlichen Delaware-Indianern zusammen, denen sie sich durch Zeichen verständlich machten.

Die Karawane setzte an einer seichten Stelle des Pedernales über, wo das Wasser nur knapp anderthalb Meter tief war. Noch hatte keiner der Wagen den Fluß durchquert, als es plötzlich zu einem Zwischenfall kam. John Schmidt, einer der Ranger, der vorausritt und schon jenseits des Flusses auf dem anderen Ufer war, hatte einen Bären erspäht, sofort zum Gewehr gegriffen und Meister Petz mit einem wohlgezielten Blattschuß erlegt. Der Knall des Schusses hatte die Frauen und Kinder auf den Wagen zusammenschrecken lassen und in

Panik versetzt. Alle glaubten an einen Indianerüberfall und schrien laut durcheinander.

Es dauerte einige Zeit, bis sich die Aufregung gelegt hatte und der Wagenzug seine Fahrt fortsetzen konnte. Als die Siedler den Fluß überquert hatten, schoß Conrad Merz noch einen Puma. Der zuvor erlegte Bär sollte die erste Abendmahlzeit der Kolonisten in ihrer neuen Heimatstadt Fredericksburg bilden.

In den Abendstunden des 8. Mai trafen die Wagen an ihrem Bestimmungsort ein. Unter dickstämmigen Eichen errichteten die Siedler ihr erstes Nachtlager aus Laub und Ästen, und mit der Dämmerung des neuen Tages begann ihre Arbeit. Zelte und Schutzdächer gegen Wind und Regen wurden errichtet, ehe sie an den Bau der Blockhäuser gingen.

Um die ersten Häuser zogen die Männer eine hohe Palisadenwand, die sie gegen unliebsame Besuche der Indianer schützen sollte. Mut, Zähigkeit und Ausdauer konnte man diesen ersten Kolonisten nicht absprechen. Was konnten 120 Männer, Frauen und Kinder schließlich, allein in der Wildnis und über hundert Meilen vom nächsten Ort entfernt, gegen eine Übermacht der Comanchen ausrichten, wenn der Ernstfall tatsächlich eintrat? Trotzdem entschlossen sie sich zu bleiben, als einige Wochen später die Ranger nach New Braunfels zurückkehren mußten.

Am 10. Juni wurde am Rande der Stadt New Braunfels ein weiterer Wagenzug mit deutschen Siedlern zusammengestellt. Da es in Strömen regnete, dauerte es einige Tage, bis sich der Treck in Bewegung setzen konnte. Die Treiber der Ochsenkarren legten täglich nur kurze Strecken zurück, um Mensch und Tier nicht zu sehr zu strapazieren.

Als die Siedler am Salado River kampierten, tauchte ein Indianer im Lager auf. Er hatte ein frisch erlegtes Reh bei sich, das er gegen Pulver für seine Büchse eintauschen wollte. Da es sich um einen friedlichen Delaware-Indianer handelte, erfüllte man seine Bitte, und hocherfreut zog der Rote von dannen. Der Indianer sollte ein treuer Freund der Deutschen werden. Fast täglich besuchte er sie auf ihrem Zug nach Westen und saß mit ihnen am Lagerfeuer, wenn sie irgendwo kampierten.

Eines Tages wurde er sogar zum Retter in der Not. Am zwölften Tag ihres Trecks lagerten die Einwanderer in einem Tal in der Nähe des Salado River. Thomas Gramme, einer der Ochsentreiber, hatte die besonders kostbare Pistole des Wagen-

zugführers Julius Splittgerber erspäht, deren silberner Knauf aus der Satteltasche herausragte. Er betrachtete die Waffe längere Zeit, wollte sie dann in den Holster zurückstecken und berührte dabei den Abzug. Ein Schuß löste sich und streifte den linken Fuß eines sechzehnjährigen Mädchens.

Da war guter Rat teuer. Verbandsmaterial und Medikamente waren vor Beginn des Trecks mit auf die Wagen verladen worden und nicht so schnell zu finden. Man bettete die Verwundete auf einen der Karren. Zwei Tage später entzündete sich die Wunde, und niemand wußte, wie dem Mädchen zu helfen war.

Da erschien der Delaware. Als er den entzündeten Fuß des Mädchens sah, nahm er ein getrocknetes Kraut aus seinem Munitionsbeutel, den jeder Indianer bei sich trug, legte es auf die Wunde, murmelte einige Worte dazu, die sich wie eine Zauberformel anhörten, und verschwand wieder. Der Rote kam von nun an täglich, um den Fuß des Mädchens zu behandeln. Das geheimnisvolle Kraut wirkte Wunder. Als die Siedler den Pedernales erreichten, war die Wunde fast verheilt.

Bis Juli waren schon mehr als zwanzig Blockhäuser errichtet. Fredericksburg wuchs von Tag zu Tag. Inzwischen hatten die Landvermesser auch die Parzellen vermessen, die den Siedlern vom Verein zugesprochen worden waren.

Für Meusebach aber wurde die Lage immer verzweifelter. Von Oktober 1845 bis April 1846 hatten dreißig Schiffe insgesamt 5 247 Einwanderer nach Galveston gebracht. Das waren tausend mehr, als Meusebach erwartet hatte. Was sollte mit den Menschen geschehen? Wie sollten sie nach New Braunfels befördert werden? Er hatte kein Geld. Die Bank in New Orleans hatte seinen Antrag auf Bewilligung eines Darlehens abgelehnt, und die Vereinsdirektoren in Biebrich zeigten sich taub gegen alle Notrufe.

In einem letzten scharfen Appell, den Meusebach an Graf Castell richtete, hieß es wörtlich: „Schon jeder Buchhalter-Lehrling hätte im voraus errechnet, daß bei der Ankunft der

Emigranten in Texas wenigstens 150 000 Dollar zur Verfügung stehen mußten, nämlich:

24 000	Dollar	um die laufenden Schulden zu bezahlen,
45 000	Dollar	für Lebensmittel und sonstige Güter, um fünftausend Menschen drei Monate lang zu versorgen,
33 161	Dollar	für den Landtransport von Galveston nach New Braunfels,
12 000	Dollar	für den Bau von Holzhäusern in der Kolonie,
26 000	Dollar	um Wechsel und andere Zahlungsaufforderungen der Siedler zu begleichen.

Wenn der Verein nicht sofort was unternimmt, ist der Bankrott unvermeidlich!"

In den nächsten Tagen begab sich Meusebach nach Houston, um mit dem Speditionsunternehmen Torrey Brothers zu verhandeln. Er kannte die Brüder Torrey persönlich und beschwor sie, ihn nicht im Stich zu lassen und ihm gegen einen 10 000-Dollar-Wechsel des Vereins hundert Wagen für den Transport der Emigranten von Galveston nach New Braunfels zur Verfügung zu stellen. Nach längerem Hin und Her willigten die Torreys ein und sagten zu, den Transport zu übernehmen.

Meusebachs Hoffnung auf eine baldige Überführung der Kolonisten nach New Braunfels sollte sich jedoch nicht erfüllen. Am 12. Mai 1846 erklärten die Vereinigten Staaten Mexiko den Krieg. Die Torreys brachen den Vertrag, weil die US-Armee ihnen für die Wagen und Zugtiere das Doppelte bot und den Fuhrleuten höhere Löhne zahlte. Eine Katastrophe, deren Ausmaß nicht abzusehen war, bahnte sich an.

Ein Brief schildert die Tragödie

Aus jener Zeit ist ein Brief des Dortmunder Buchbinders Karl Ludwig Köhler erhalten, den dieser 1846 an einen Freund

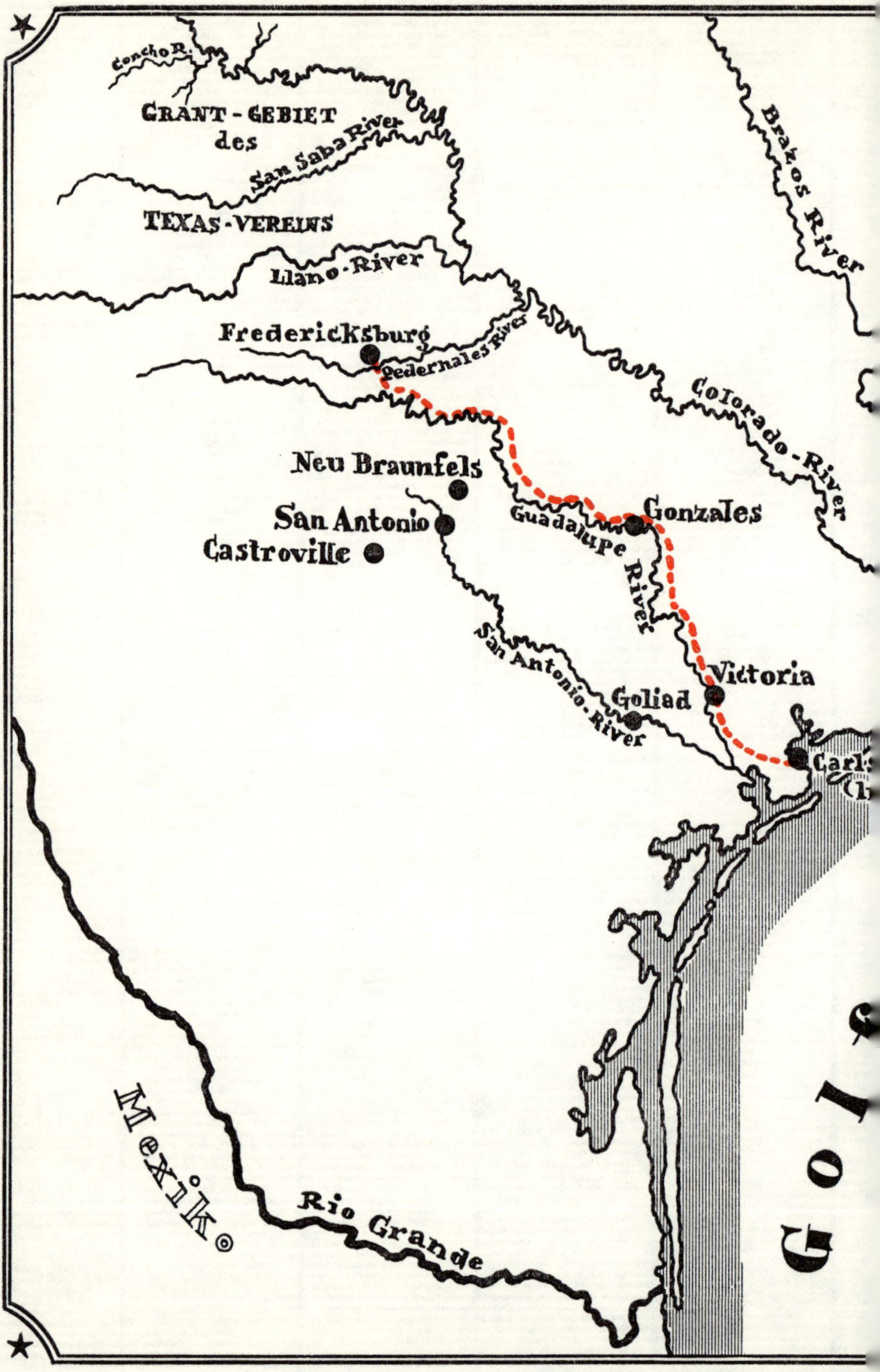

Concho R.
GRANT - GEBIET
des
TEXAS - VEREINS
San Saba River
Llano-River
Brazos River
Fredericksburg
Pedernales River
Colorado-River
Neu Braunfels
San Antonio
Castroville
Gonzales
Guadalupe
River
San Antonio-River
Victoria
Goliad
Mexiko
Rio Grande
Gol

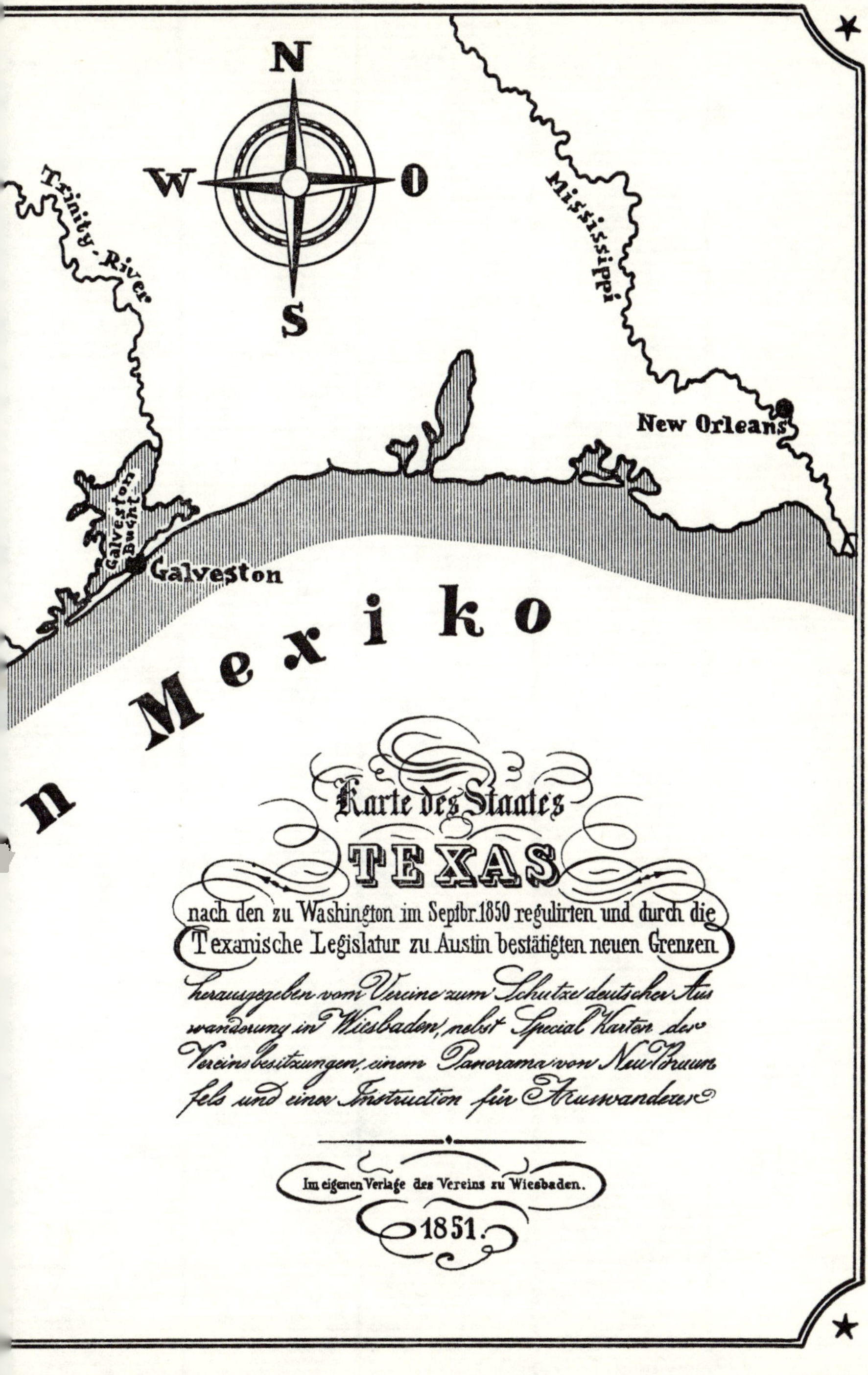
N
W
O
S
Trinity-River
Mississippi
New Orleans
Galveston Bucht
Galveston
n Mexiko
Karte des Staates
TEXAS
nach den zu Washington im Septbr. 1850 regulirten und durch die
Texanische Legislatur zu Austin bestätigten neuen Grenzen
herausgegeben vom Vereine zum Schutze deutscher Aus
wanderung in Wiesbaden, nebst Special Karten der
Vereinsbesitzungen, einem Panorama von Neu Braun
fels und einer Instruction für Auswanderer
Im eigenen Verlage des Vereins zu Wiesbaden.
1851.

in Deutschland schrieb und der das ganze Elend der Emigranten, die monatelang in Galveston festlagen, wiedergibt. Köhler war mit seiner Frau und seinen drei Kindern zusammen mit 137 anderen Auswanderern am 25. September 1845 auf der „Johann Dethardt" in Bremen eingeschifft worden. Am 18. Dezember lief das Schiff in den Hafen von Galveston ein.

„Es geht so langsam mit unserer Reise, daß wir nach achtzehn Wochen immer noch an unserem Landungsplatz in Galveston sind", heißt es in dem Brief. „Ich kann nicht umhin, Ihnen zu schreiben, damit Sie über unser Schicksal beruhigt sind."

Köhler hatte über alle Einzelheiten gewissenhaft Buch geführt. Seine Aufzeichnungen geben ein genaues Bild von den damaligen Verhältnissen, die in den Auswanderer-Camps herrschten, und von jenem Wagenzug, der drei Monate später mit dem Tod von 400 Siedlern endete.

„Galveston war von Auswanderern so überfüllt, daß der Verein nicht wußte, wo er uns unterbringen sollte. Wir mußten bis zum 23. Dezember auf dem Schiff bleiben und wurden dann alle in einem Lagerhaus untergebracht, wo es aber beim besten Willen nicht auszuhalten war. In zwei kleinen Abteilungen waren 137 Personen mit Sack und Pack eingepfercht; man konnte kaum stehen, geschweige denn liegen. Darum packten viele ihre Sachen und zogen aus. Ich fand bei einem deutschen Wirt Unterkunft, bis ich ein Quartier gemietet hatte."

In den Lagerhäusern des Vereins, schildert Köhler, herrschten Zustände, die viele nicht ertragen konnten. Bei ungenügendem Schutz gegen den Regen und den schneidenden Nordwind waren gelbes Fieber und Ruhr sehr häufig, und wer konnte, suchte sich auf eigene Kosten eine bessere Wohnung.

„Es sind jetzt 3 000 Auswanderer hier, und in Indian Point (Carlshafen), dem nächsten Punkt auf dem Festland, liegen etwa 2 000 unter den Zelten. Wie der Verein eine solche Masse unterhalten will, bis sie sich selbst forthelfen kann, ist mir ein Rätsel, und viele sehen für das erste Jahr mit Sorge auf ihren Unterhalt."

Auch über die Weiterbeförderung der Auswanderer gibt Köhlers Brief Auskunft:

„Die Einwanderer werden von hier (Galveston) nach der Reihe, wie sie ankommen, auf kleinen Schiffen nach der Lavaca-Bucht gebracht. In Carlshafen müssen sie liegen bleiben, bis die Reihe des Transports an sie kommt. Es gehen stets 80 bis 100 Wagen auf einmal in die Kolonie, auf denen gewöhnlich 700 bis 800 Personen mitreisen können. Die Zurückgebliebenen müssen warten, bis die Wagen wiederkommen, wobei auf einem Weg von 45 deutschen Meilen (eine Landmeile gleich 7,5 Kilometer) sechs bis acht Wochen vergehen. Die Langsamkeit, mit der alles abgewickelt wird, bis endlich mal ein Transport startet, geht auf Kosten der Kolonisten, die ihr Geld dabei verzehren. Wären wir gleich nach unserer Ankunft von hier fortgekommen, würden wir schon an unserem Bestimmungsort sein."

Daß schon damals berechtigte Zweifel an dem Gelingen des Einwandererprojektes unter den Kolonisten aufkamen, zeigt eine Niederschrift, die Köhler am 12. März 1846 in sein Tagebuch eintrug:

„Der Verein scheint mehr versprochen zu haben, als er beim besten Willen halten kann. Mit einer solchen Masse Auswanderer hatte er nicht gerechnet. 8 000 Deutsche und 10 000 Amerikaner oder Angehörige anderer Nationen benötigen viel zum Lebensunterhalt. Auf eine Ernte dürfen wir in diesem Jahr nicht rechnen. Die Aussaat muß im Februar erfolgen. Statt unsere Felder zu bestellen, liegen wir jetzt, im März, noch hier auf der Bärenhaut!"

Anfang des Jahres sollten sechzig Mann als Pflüger nach Fredericksburg vorausreisen, um die Felder vorzubereiten. Auch Köhler ließ sich registrieren. Als die Männer aufbrechen wollten, wurde ihnen eröffnet, daß sie ihre Familien in Galveston zurücklassen müßten, daß jeder von ihnen nur zwanzig Florin (Gulden) Reisegeld erhalten und sich selbst beköstigen solle. Alle sechzig traten geschlossen von dem Vertrag zurück.

„Die Preise für Lebensmittel sind unerhört gestiegen, geht das so weiter, dann wird der Verein in große Not geraten, denn er muß die Einwanderer bis zur Ankunft in der Kolonie mit Lebensmitteln versorgen. Wo er die hernehmen soll, weiß Gott. Hier haben wir noch eine reichliche Verpflegung. Ich erhalte täglich vier Pfund frisches Fleisch, Brot müssen wir jedoch kaufen und auch für Holz und Licht sorgen.

Galveston ist gerade zehn Jahre alt. Es hat etwa 450 Häuser und 5 600 Einwohner. Weitere vierzig Häuser befinden sich im Bau. Es herrscht ein lebhafter Verkehr. Im Hafen liegen immer 25 bis 30 große Schiffe und eine Menge kleinerer. Wöchentlich fahren vier Dampfboote nach Houston und New Orleans.

In den Restaurants kann man wegen der hohen Preise kaum essen. So kostet eine Abendmahlzeit in kleinen Gasthäusern einen Vierteldollar, in größeren einen halben. Wiederholt haben wir versucht, in einem Saloon unsere Mahlzeiten einzunehmen, weil man hier schon für zehn Cent gut zubereitete Speisen auswählen kann. Es sind jedoch andere Umstände, die es uns verleiden, dort zu essen: Wer kann schon in einen Saloon gehen, um dort in Ruhe zu essen? Diese Schenkbuden sind das Dorado professioneller Säufer, an denen es bei uns nicht mangelt und deren Zahl ständig zunimmt, je länger wir hier bleiben. Vorige Woche ist dem Kolonialdirektor eine Bittschrift der Bürger zugegangen, mit der Aufforderung, die Auswanderer möglichst bald fortzuschaffen, da Ruhestörungen und Raufereien durch Trunkenbolde und Diebe kein Ende nehmen."

Die Beschwerde der Galvestoner Bürger war berechtigt. Ein Teil der Auswanderer bestand aus Abenteurern und Tagedieben, denen man bei Dunkelheit besser nicht begegnete. Das war aber nichts Neues. Der Wilde Westen war ein Sammelbecken, wo neben den ehrenwerten und aufrechten Charakteren auch Nichtstuer und Glücksritter zusammentrafen, die es nur darauf abgesehen hatten, den Nächsten auszubeuten.

„Dieses Gesindel macht dem Namen ‚Deutsche' wenig Ehre", schreibt Köhler am 26. März in sein Tagebuch. „Sie glauben die

Freiheit in dem neuen Land nicht besser genießen zu können als durch Randalieren. In den Lagerhäusern sind Prügeleien an der Tagesordnung. Allerdings greift der Sheriff hart durch, die Übeltäter werden auf der Stelle bestraft. Gern hätten wir uns schon selbst auf den Weg nach New Braunfels gemacht, doch unter hundert Dollar kann eine große Familie wie wir die Reise von Galveston bis zur Kolonie auf eigene Kosten nicht machen. Der Preis des Zugviehs ist ungeheuer gestiegen. Ein Paar Zugochsen kostet vierzig bis sechzig Dollar, während Mustangpferde für sechs bis zehn Dollar zu haben sind. Es wird für viele Kolonisten in den ersten Jahren unmöglich sein, sich Zugvieh anzuschaffen. Wer es ermöglichen kann, sollte auch einen leichten Wagen mitbringen. Hier kostet ein schlechter Karren schon hundert Dollar.

Soeben bekommen wir Bescheid: In dieser Woche kommen wir nun endlich an die Reihe, werden aber wohl noch einige Zeit in Carlshafen bleiben müssen, ehe der Wagenzug losgeht.

Texas wurde mit dem neuen Jahr in die Vereinigten Staaten aufgenommen. Alle Einwanderer, die vor dem 1. Januar 1846 hier waren, haben sofort das Bürgerrecht erhalten, auch ich. Alle anderen, die später kommen, können es erst nach fünf Jahren erwerben."

Köhler schließt sein Tagebuch mit den Worten: „Bis heute sind wir gottlob gesund geblieben. Es gefällt uns sehr gut, obgleich ich nichts zu tun habe. Ich gab mir viel Mühe, Arbeit in meinem Beruf als Buchbinder zu bekommen. Als ich endlich eine Stelle fand, wurde der Job so schlecht bezahlt, daß ich ihn wieder aufgab. Alle Kaufleute handeln mit gebundenen Büchern jeder Art, darum ist wenig in meinem Beruf zu machen.

Trotz allem fühle ich mich in der Neuen Welt munterer als in der Alten, und bis heute hat es uns nicht gereut, ein neues Vaterland gesucht zu haben. Man gewöhnt sich leicht an alles, und unsere Hoffnung ist der Stern von Texas, der uns tröstend auf unserem Weg leuchtet."

Gefangene der Comanchen

Die Todeskarawane

Ende April trafen in Carlshafen die hundert Planwagen und Ochsenkarren der Firma Torrey Brothers ein. Die Fuhrleute drängten die Auswanderer, ihr Hab und Gut schnellstens auf die Wagen zu verladen, damit die Karawane noch Anfang Mai aufbrechen könne. Am 4. Mai war es soweit. Der endlose Wagenzug setzte sich unter den Rufen und Schreien und dem lauten Peitschenknallen der Fuhrleute in Bewegung.

Die Pferde und Maultiere scharrten und stampften mit den Hufen, daß das Regenwasser, das sich in der letzten Nacht nach einem Gewitter in den Pfützen angesammelt hatte, nach allen Seiten aufspritzte. Noch lauter aber war das Rattern und Rollen der Räder, das sich mit dem Ächzen und Quietschen der überladenen Achsen vermischte und alles übertönte.

Die Wagenkarawane war über eine Meile lang und bestand aus 45 schwer mit Kisten und Säcken bepackten Planwagen und 55 zweirädrigen Ochsenkarren. Die Wagen fuhren zu vieren nebeneinander, die Ochsenkarren mit den Eigentümern der jeweiligen Gepäckkolonne zwischen ihren Gefährten, so daß jeder Auswanderer oder jede Familie in der Lage war, ihren Planwagen, der jeweils die Habe mehrerer Auswandererfamilien barg, zu beaufsichtigen. Dem Wagenzug voraus ritten die Kundschafter, und hinter den letzten Fahrzeugen trotteten die überzähligen Ochsen und Maultiere einher. Nach acht Tagen hatten sie bereits 120 Meilen zurückgelegt.

Köhler und seine Frau Charlotte waren glücklich, daß sie endlich aus Galveston weg waren und ihrer neuen Heimat New Braunfels entgegenfuhren. Ihre drei Kinder, Karl, Charlotte und Eduard, schliefen hinten auf dem Ochsenkarren, den sie selbst erstanden hatten. Das Geld dafür, 92 Dollar, hatten sie sich förmlich vom Munde abgespart, ebenso die 80 Dollar für die beiden Zugochsen. Köhler hatte dabei schon an die Zukunft gedacht. Mit dem Ochsengespann wollte er in New Braunfels seine Farmarbeit beginnen.

Karl Köhler trieb die Ochsen mit einem Peitschenknall zu größerer Eile an. Seine Frau, übermüdet von den Anstrengungen der letzten Tage, war neben ihm eingeschlafen.

Er blickte auf die Staubwolken, die der Wagenzug in die Luft wirbelte und die nun wie Gewitterwolken am Himmel hingen. Der Himmel selbst war leuchtend blau, hier und da mit kleinen Wattewölkchen durchsetzt. Seit Tagen schon strahlte dieses leuchtende Blau, das erbarmungslos Hitze auszuströmen schien, über der Karawane. Die Erde war wie ausgebrannt. Weit und breit gab es keinen Stein, nur kleine Büschel harten Büffelgrases und verdorrte, dornige Kakteengewächse, die selbst die Ochsen verschmähten. Hier war nichts als Wüste und Staub. Alles Leben rundherum schien erstarrt, nur hin und wieder scheuchten die Wagenräder eine Klapperschlange hinter einem dornigen Busch auf.

In endloser Ferne meinte Köhler die Kontur einer Hügelkette zu sehen, eine dünne Linie, wie ein Streifen grauen Musselins, der vor dem klarblauen Himmel flimmerte. Er wußte, wenn die Fahrt weiter so zügig voranging, würden sie in drei bis vier Tagen im sogenannten Hill County, dem hügeligen Land sein, wo es wieder Wasser gab, das Gras saftig grün wie daheim in Deutschland war und wo, inmitten eines großen Quellgebietes, auch ihre neue Heimat New Braunfels lag.

Aber bis dahin waren immerhin noch gut 170 Meilen zurückzulegen. Die Sonne brannte immer heftiger auf Mensch und Tier herab. Die Leiber der Ochsen und Mulis dampften vor

Schweiß, dicker Schaum stand vor den Mäulern. Aber erst in einigen Stunden, wenn man die Flußkrümmung erreichte, wollte man eine Rast einlegen.

Selbst am entferntesten Horizont konnte Köhler keine Bewegung erkennen. Er sah nichts als flirrendes Licht, dornige Kakteen, weiß schimmernde Knochenreste verendeter Büffel und Rinder und den grauen Hügelstreifen am Horizont. Die Karawane schien sich in der gewaltigen, leeren Wüste zu verlieren. Die Wagenkette wirkte wie ein kleiner Wurm, der durch den Staub kroch.

Doch dann wurde Köhler jäh aus seinen Träumereien gerissen. Hinter ihnen wurden einige Schüsse abgefeuert. Die Mulis sprangen erschreckt in die Höhe, die Siedler schrien aufgeregt durcheinander, die Fuhrleute rissen die Zügel der Maultiere an, und der gesamte Wagenzug geriet ins Stocken. Dann standen Wagen und Karren still.

Zwei staubbedeckte Reiter kamen herangeprescht. Die Männer sprangen aus dem Sattel und gingen auf Tim Sanders zu, den Kutscher des ersten Planwagens. Einer der beiden tippte mit dem Zeigefinger an seine Hutkrempe:

„Mein Name ist Fred Muldoon von der Firma Torrey Brothers in Houston. Ich habe Ihnen von unserem Chef aufzutragen, den Treck nach New Braunfels sofort abzubrechen, die Wagen zu entladen und mit den leeren Fuhrwerken unverzüglich an die Küste zu fahren. Mexiko hat die diplomatischen Beziehungen zu den Vereinigten Staaten abgebrochen, das bedeutet Krieg. Die Armee braucht dringend alle Fahrzeuge und Zugtiere, sie bietet den Fuhrleuten den doppelten Lohn wie der Verein. Torrey Brothers haben daher den mit Meusebach geschlossenen Vertrag gelöst."

Muldoon griff in die Tasche und zog die Kopie eines Vertrages hervor, den Torrey Brothers mit der US-Armee unterzeichnet hatten. Er reichte Sanders die Kopie, und der gab sie an die übrigen Fuhrleute weiter, die inzwischen neugierig von ihren Wagensitzen heruntergekommen waren.

Was sich dann abspielte, ist kaum zu beschreiben. Die Fuhrleute warfen vor Freude ihre Hüte in die Luft. „Das ist ein Geschäft, das wir uns nicht entgehen lassen wollen!“ rief einer, und die übrigen stimmten laut schreiend ein.

„Runter mit dem Plunder!“ kommandierte Sanders und fuhr die Siedler an: „Macht, daß die Wagen leer werden, in einer Stunde spätestens wollen wir zur Küste aufbrechen. Dann muß alles abgeladen sein!“

Die Kolonisten glaubten nicht recht zu hören, Frauen und Kinder schrien aufgeregt durcheinander.

Köhler trat auf Sanders zu: „Das ist doch wohl nicht Ihr Ernst. Sie können doch nicht die Menschen auf halbem Wege nach New Braunfels mitten in der Wüste mit ihrer Habe allein lassen! Nur etwa ein Dutzend von uns haben eigene Ochsenkarren, und die würden nicht einmal ausreichen, um unser Gepäck darauf zu verladen. Mann, sind Sie sich überhaupt der Tragweite Ihres Handelns bewußt, mit dem Sie Hunderte von Menschen in den sicheren Tod schicken? Wie sollen wir den Weg bis New Braunfels schaffen? Etwa zu Fuß?"

„Was kümmert's mich!" rief Sanders. „Sie haben gehört, wir haben Krieg, und der entschuldigt alles!"

Die Siedler konnten sich gegen die Fuhrleute nicht durchsetzen. Sie entluden die Planwagen, Kisten, Säcke und Bündel flogen in hohem Bogen in den Präriestaub. Eine Stunde später setzten sich die leeren Wagen dann in entgegengesetzter Richtung in Bewegung. Die Kutscher hieben auf die Mulis und Pferde ein, und kurz darauf waren die weißen Planspitzen in einer Staubwolke am Horizont verschwunden.

Zurück blieben mehrere Hundert verzweifelter Siedler und ein Dutzend Ochsengespanne. Über eine Meile weit lagen Kisten und Bündel verstreut am Rand des Präriepfades. Das meiste mußten die Menschen auf ihrem Weitermarsch zurücklassen, für viele ein unersetzlicher Verlust.

Köhler hatte mehrere Männer zusammengerufen, um mit ihnen die Lage zu beraten. Man entschloß sich, den Weg fortzusetzen und die Älteren und Gebrechlichen auf den Ochsenkarren unterzubringen. Am Abend wollte man dann an der Flußkrümmung ein Lager aufschlagen.

Der traurige Zug setzte sich in Bewegung. Viele warfen einen letzten, wehmütigen Blick auf ihre Habe, die sie zurücklassen mußten. Sie hatten nur das Notwendigste an Lebensmitteln mitgenommen. Mancher, der sich von seinem Bündel nicht zu trennen vermochte und es sich auf die Schulter geladen hatte, mußte es später wieder wegwerfen. Die Last wurde in der sengenden Sonne zu schwer.

Noch am selben Tag starben zwei Frauen und ein Mann; sie erlagen einem Herzschlag. Es waren die ersten von vierhundert, die ihr Ziel nicht erreichten. Überanstrengung, Erschöpfung und Krankheiten sollten in den nächsten Wochen ihren Tribut fordern. Eine Kette von Grabkreuzen kennzeichnete den Weg der Todeskarawane nach New Braunfels. Völlig erschöpft schleppten sich die Kolonisten durch die Wüste.

Als die Lebensmittelvorräte zu Ende gingen, entschlossen sich Karl Köhler, Eduard Hoffmann und Bernhard Hombach, auf die Jagd zu gehen. Etwa eine Meile vom Lager entfernt stießen sie am Flußufer auf einen Schwarm Wildenten, von denen sie einige mit ihren Gewehren erlegten. Sie versteckten die Beute am Ufer und kletterten dann einen Hügel zu einem Mesquitegesträuch empor, in der Hoffnung, dort ein paar Wildkaninchen aufzustöbern. Kaum hatten sie aber das dornige Gestrüpp erreicht, als etwa zwanzig kriegsbemalte Comanchen mit wildem Geschrei über die drei Deutschen herfielen.

Dem Marterpfahl entkommen

Köhler entsann sich nur noch, daß er einen furchtbaren Schlag über den Kopf erhielt, dann schwanden ihm die Sinne.

Als er nach Stunden erwachte — es mußte schon weit nach Mitternacht sein —, fand er sich im Lager der Comanchen wieder. Die Rothäute hatten ihn mit schmalen Streifen gegerbter Büffelhaut an einen Baum gefesselt, die tief in das Fleisch einschnitten und große Schmerzen verursachten.

Köhler biß die trockenen Lippen zusammen. Brennender Durst peinigte ihn. Er rief mehrere Male nach Wasser. Das hörte einer der Roten, die am flackernden Lagerfeuer saßen. Er sprang auf den gefesselten Köhler zu.

„Wasser — gebt mir was zu Trinken!" stammelte Köhler, der fast am Ende seiner Kräfte war. Sein Kopf schmerzte, es klopfte und hämmerte in ihm, als wäre er durch den Schlag des Indianers in zwei Teile gespalten worden. Dazu das unheimliche Brennen an den Handgelenken und Beinen, das die Fesseln verursachten.

„Wasser!" rief Köhler noch einmal.

Der Comanche kehrte kurz darauf mit einem Krug zurück. Zuerst sah es aus, als wollte er ihn dem Gefangenen an die Lippen setzen. Doch dann glomm es in seinen Augen auf, und ein teuflisches Grinsen breitete sich über sein rotbemaltes Gesicht. Er warf den Krug zu Boden, daß er in Scherben zerfiel und das Wasser in der Erde versickerte.

„Trink, wenn du kannst!" rief er dem Gepeinigten zu und ging zurück zum Lagerfeuer.

Jetzt erst kehrte Köhlers Bewußtsein voll zurück, und er entsann sich des gestrigen Tages. Seine Frau, seine Kinder fielen ihm ein. Was mochte aus ihnen geworden sein? Waren sie

und die übrigen Kolonisten dem Überfall entkommen oder auch in die Hände der Indianer gefallen?

Aber so sehr er auch Ausschau hielt, er konnte keine anderen Gefangenen im Lager erkennen. Was war mit Hoffmann und Hombach geschehen, die ihn auf der Jagd begleitet hatten? Lebten sie noch?

Ein leises Stöhnen ließ ihn plötzlich aufhorchen. Es war von links gekommen, von jenseits des Lagerfeuers.

Köhler versuchte, den Kopf ein wenig in die Richtung zu drehen, soweit es seine gefesselte Lage zuließ. Dann gewahrte er eine Männergestalt, die wie ein Paket zusammengeschnürt am Boden lag. Hombach!

„Hören Sie mich, Hombach?" rief Köhler leise dem Gefesselten zu, der ihn nicht sehen konnte, weil er mit dem Rücken zu ihm gewandt lag. „Ich bin's, Köhler. Die Teufel haben mich an einen Baum gebunden!"

„Ich höre Sie", klang es ebenso leise zurück. „Eine verflixte Lage, in der wir stecken. Wie mag es unseren Frauen und Kindern ergangen sein? Ob sie durchgekommen sind?"

„Ich hoffe es, denn man sieht und hört hier nichts von weiteren Gefangenen. Wo wohl Hoffmann steckt?"

„Den hat's erwischt. Ich sah noch, wie sich der Tomahawk eines Indianers in seinen Kopf grub. Er muß sofort tot gewesen sein. Eben ging ein Comanche vorüber, der einen frischen blonden Skalp an seinem Gürtel trug. Hoffmanns Skalp!"

„Armer Kerl!" erwiderte Köhler; nach einer längeren Pause fügte er hinzu: „Wir müssen alles versuchen, hier rauszukommen. Aber mit äußerster Vorsicht, damit die roten Halunken nichts merken!"

Einige Zeit verstrich, dann tauchten zwei Comanchen bei Köhler und Hombach auf. Sie nahmen ihnen die Handfesseln ab und reichten ihnen etwas rohes Büffelfleisch und ein Gefäß mit Wasser. Offenbar war es den Indianern eingefallen, daß sie ihre Gefangenen auch verpflegen mußten, wenn sie sie am Leben erhalten wollten.

Denn daß die beiden Deutschen noch nicht so bald sterben sollten und daß sie mit ihnen noch etwas vorhatten, stellte sich schon bald heraus. Mehrere Comanchen schürten ständig das Lagerfeuer, während die anderen in der Nähe zwei kleinere Baumstämme in den Boden eingruben.

„Marterpfähle!" flüsterte Hombach. „An die werden sie uns nachher binden und Schießübungen auf uns veranstalten!"

Köhler schauderte bei dem Gedanken. Dann wurde seine Aufmerksamkeit auf zwei weitere Pfähle gelenkt, die mehrere Krieger herbeischleppten.

„Kein Zweifel, die Roten haben noch zwei Gefangene, denen sie dasselbe Vergnügen bereiten wollen wie uns", meinte Hombach sarkastisch.

In der Tat schleppten die Comanchen jetzt zwei Mexikaner herbei, die an Händen und Füßen gefesselt waren, und legten sie neben Köhler und Hombach.

„Wir heißen Gonzales und Rombo", sagte einer von ihnen, als sich die Comanchen entfernt hatten. „Wir sind Viehzüchter. Sie überfielen unsere Ranch an der mexikanisch-texanischen Grenze und verschleppten uns nach hier. Wo unsere Frauen geblieben sind, wissen wir nicht. Vermutlich haben die Roten sie umgebracht!"

Rombo fügte hinzu: „Wir müssen gemeinsam versuchen zu fliehen. Gewehre und Pistolen haben sie uns abgenommen, aber Gonzales und ich haben noch jeder ein Bowiemesser im Stiefelschaft. Die haben sie nicht gefunden."

Im Indianercamp gingen die Vorbereitungen für die Marterzeremonie ihrem Höhepunkt zu. Auch die Squaws und Kinder kamen aus den Wigwams, um den Männern beim Zusammentragen großer Holzscheite zu helfen, die in das Feuer geworfen wurden. Immer höher stiegen die Flammen in die dunkle Nacht auf und erhellten das gesamte Camp. Nur die vier Gefangenen lagen im Halbdunkel der breitästigen Eichen.

Als dann dumpfe Trommelschläge einsetzten und die Comanchen in immer schnelleren Bewegungen begannen, um das

Feuer herumzutanzen und durch die aufzüngelnden Flammen zu springen, zog das gespenstische Schauspiel alle übrigen Männer, Frauen und Kinder des Stammes so in den Bann, daß man die Bewachung der vier Gefangenen vernachlässigte.

Dem Mexikaner Rombo war es nach einiger Zeit gelungen, die Handfesseln an den Sporen seiner Stiefel zu zerreiben und abzustreifen. Er zog das Messer aus dem Stiefelschaft und zerschnitt die Fesseln von Gonzales und den beiden Deutschen. Einen Augenblick blieben die vier noch ruhig liegen. Dann krochen sie einzeln und ganz langsam auf das Gehölz zu, das nur zwei Meter von ihnen entfernt war. Einige Minuten später waren die vier im Dunkel der Nacht untergetaucht.

Die Comanchen bemerkten das Verschwinden ihrer Gefangenen erst, als sie sie an die Marterpfähle binden wollten. Enttäuschte Rufe und Schreie der Wut wurden laut, und dann verwandelte sich das ganze Lager in einen Bienenschwarm. Ein Teil der Comanchen durchkämmte zu Fuß das Gelände, andere jagten auf ihren Mustangs davon, um die entwichenen Gefangenen zu suchen.

Es gelang den Reitern tatsächlich, die Gefangenen eine halbe Meile vom Camp entfernt in einer Talmulde aufzuspüren und zu überwältigen. Ihre Flucht war vor allem daran gescheitert, daß sie keine Pferde zur Verfügung hatten. Was ihnen jetzt, nach einer abermaligen Gefangennahme, blühte, sollte ihnen in der nächsten halben Stunde offenbar werden.

Bei Morgengrauen wurden sie ins Lager zurückgebracht. Sofort fiel ein Haufen aufgebrachter Indianerfrauen mit Geschrei über sie her. Die Squaws mißhandelten die vier Männer mit Fußtritten und Schlägen derartig, daß die Geschundenen schließlich aus vielen Wunden blutend zusammenbrachen. Erst dann ließen die roten Amazonen von ihren Opfern ab.

Ein Häuptling trat auf die Gefangenen zu und eröffnete ihnen, daß sie zwar in der letzten Nacht dem Marterpfahl entkommen seien, doch werde das Strafgericht am nächsten Tag nachgeholt. Mit der Flucht hätten sie ihre Lage noch verschlimmert, und so habe er, der Häuptling, sich etwas Besonderes ausgedacht.

Gegen Mittag, wenn die Sonne im Zenit stand und ihre Strahlen am heißesten waren, sollten die Gefangenen Spießruten laufen. Dreißig Comanchenkrieger würden sich, mit Keulen und Ästen bewaffnet, gegenüberstehen und gnadenlos zuschlagen, wenn die vier Männer mit nacktem Oberkörper durch die enge Gasse der Indianer rannten.

Gonzales hatte vom Spießrutenlauf schon gehört. Einer seiner Freunde war einmal in die Gefangenschaft von Comanchen geraten und hatte sich der Tortur unterziehen müssen. Es war ihm aber gelungen, zu entkommen.

„Die Indios stehen sich in einem Abstand von etwa fünf bis acht Schritten von Gesicht zu Gesicht gegenüber", erklärte Gonzales seinen Begleitern, als der Häuptling wieder verschwunden war. „Es muß uns gelingen, durch eine der Lücken auszubrechen und hundert Schritte nach Westen zu entkommen, wo die Pferde der Comanchen stehen. Wenn uns die Flucht heute mittag nicht gelingt, machen sie uns fertig, darauf können wir Gift nehmen. Es muß einfach klappen, zumal die Roten ihren Opfern beim Spießrutenlauf die Fesseln abnehmen und wir unsere Hände frei haben. Außerdem besitzen Rombo und ich immer noch unsere Messer!"

Der Ausbruch gelingt

Damit ihre Gefangenen die ihnen zugedachte Tortur auch überstanden, kümmerten sich die Comanchen an diesem Vormittag in auffallender Weise um sie. Sie gaben ihnen saftiges, am Spieß gebratenes Büffelfleisch zu essen, hinreichend zu trinken und behandelten auch ihre Wunden, die ihnen die Squaws beigebracht hatten.

Unterdessen stieg die Sonne höher und höher. Als die Hitze unerträglich geworden war, gab der Häuptling ein Zeichen, mit der Folterung der Gefangenen zu beginnen.

Dreißig Comanchen stellten sich auf einem freien Platz auf und bildeten zwei Reihen im Abstand von sieben Schritten, so daß sie sich mit dem Gesicht gegenüberstanden. Zwischen ihnen war ein schmaler Gang von knapp einem Meter. Durch ihn sollten die Gefangenen laufen. In der rechten Hand hielt jeder Indianer einen schweren, keulenartigen Knüppel, bereit, sofort zuzuschlagen, wenn der erste Gefangene in Reichweite kam.

Inzwischen hatte man Köhler, Hombach und den beiden Mexikanern die Fesseln abgenommen und ihnen ihre Hemden vom Oberkörper gerissen. Man führte sie zu einer markierten Stelle, von der aus sie auf ein Zeichen des Häuptlings zwischen den keulenschwingenden Comanchen hindurchlaufen sollten.

Gonzales und Rombo sollten beginnen, gefolgt von den beiden Deutschen.

Als die beiden Mexikaner zum Lauf ansetzten, stießen die Zuschauenden wilde Schreie der Begeisterung aus und drängten sich dicht um die Gefangenen. Gonzales und Rombo taten so, als wollten sie zwischen den Reihen der Indianer hindurchlaufen. Doch kaum hatten sie den ersten Krieger erreicht, als sie auch schon in ihre Stiefel griffen und die Bowiemesser herausrissen, die sie nach den vorn stehenden Comanchen warfen.

Die Messer trafen die beiden Indianer in die Brust, daß sie zu Boden sanken.

Jetzt griffen Köhler und Hombach ein. Sie packten jeder einen Indianer aus der Zuschauermenge, hoben ihn empor und schleuderten ihn in die erste Reihe der Knüppelschwinger. Der Aufprall war so heftig, daß einige Comanchen das Gleichgewicht verloren und hinfielen. Die völlig verwirrten Zuschauer, die den gestürzten Indianern zu Hilfe eilen wollten, fielen über diese. Ein unentwirrbares Knäuel von Menschenleibern wälzte sich am Boden.

Einige Comanchen, die noch aufrecht standen, wollten den Gefangenen nachsetzen. Doch das Menschenknäuel hinderte sie daran und keilte sie so ein, daß sie weder einen Fuß vor- noch rückwärts setzen konnten. Ohnmächtig und mit verbissenen

*Buffalo Hump, Oberhäuptling der Comanchen,
führte die Friedensverhandlungen mit Meusebach*

Indianerüberfall auf einen Planwagen. Nach einer zeitgenössischen Darstellung des Deutschen Charles Wimar

Rauchsignale der Comanchen von den Hügeln bei Fredericksburg zeigen die Unterzeichnung des Friedensvertrages an

Gesichtern mußten sie zuschauen, wie die Flüchtenden in wenigen Sätzen die Pferdekoppel erreichten.

Die Mexikaner waren ausgezeichnete Reiter. Sie waren gewohnt, auch ohne Sattel zu reiten, und saßen in Sekundenschnelle auf den Rücken von zwei prächtigen, gescheckten Mustangs. Den beiden Deutschen bereitete das Reiten auf nacktem Pferderücken schon mehr Schwierigkeiten, aber mit der Hilfe von Gonzales und Rombo schafften sie es.

Ehe die vier auf ihren Mustangs davonpreschten, trieben sie noch mit lauten Schreien und Pfiffen die übrige Mustangherde auseinander. Die erschreckten Tiere stoben in alle vier Himmelsrichtungen davon. Die Comanchen konnten ihnen nicht folgen, da sie Stunden brauchten, um die Mustangs wieder einzufangen.

Rombo hatte, ehe er sich auf das Pferd schwang, neben einem Indianerzelt ein Gewehr und einen kleinen Beutel Pulver erspäht. Es war ihm gelungen, beides an sich zu bringen.

„Damit können wir in den nächsten Tagen unseren Proviant sichern!" rief er den anderen zu. „Für ein paar Wildenten und Kaninchen wird das Pulver reichen!"

Das Ende einer Odyssee

Die beiden Mexikaner hatten sich entschlossen, mit Köhler und Hombach zunächst nach New Braunfels zu reiten. Dort wollten sie Lebensmittel, Waffen und frische Pferde erstehen und dann wieder über die mexikanische Grenze zu ihrer Ranch zurückreiten.

Inzwischen waren sieben Tage vergangen. Köhler und Hombach machten sich große Sorgen um ihre Familien. Was war inzwischen aus dem Rest des Auswanderertrecks geworden? Wie viele hatten den Gewaltmarsch überstanden?

Staubbedeckt und völlig erschöpft erreichten die vier Reiter am späten Nachmittag des neunten Tages nach ihrer Flucht aus dem Comanchenlager New Braunfels. Mit Entsetzen nahm man Köhlers und Hombachs Bericht entgegen. Man hatte sich schon Sorgen über den längst fälligen Wagenzug gemacht, bislang aber keine Nachricht erhalten, ob der Treck bereits auf dem Wege nach New Braunfels war.

Hans Meusebach selbst stellte noch am selben Abend einen Suchtrupp zusammen, der am andern Morgen in aller Frühe zur Flußkrümmung aufbrechen sollte, wo die beiden Deutschen sich von dem Treck entfernt hatten und von den Comanchen überfallen worden waren. Zehn Texas-Ranger sollten den Trupp begleiten. Als sich Köhler und Hombach ebenfalls zur Verfügung stellen wollten, winkte Meusebach ab:

„Männer, ihr habt genug durchgestanden. Ruht erst einmal aus und laßt eure Wunden behandeln. Dr. Köster wird sich um euch kümmern!"

Köhler ließ sich nicht überreden und erwiderte: „Sie werden verstehen, daß wir um unsere Frauen und Kinder in ernster Sorge sind. Niemand kann uns davon abhalten, daß wir uns an der Suche beteiligen!"

Das sah auch Meusebach ein. Er selbst wollte sich an die Spitze des Zuges setzen. Man trieb noch drei Planwagen und mehrere kleine Wagen auf, die den Trupp begleiten und die kranken und erschöpften Kolonisten aufnehmen sollten.

Meusebach war außer sich über den Vertragsbruch der Torrey Brothers. Wie konnte eine Speditionsfirma derart leichtfertig und verantwortungslos mit dem Leben von Hunderten von Kolonisten spielen!

Am frühen Morgen des nächsten Tages — fern am Horizont zeichnete sich der erste rötliche Schimmer ab — brach die Kavalkade auf. Sie setzte sich aus vierzig Reitern und sieben Fahrzeugen zusammen. Voraus ritten zwei Späher der befreundeten Delaware-Indianer. Sie sollten etwaige feindliche Bewegungen der Comanchen erkunden und den Reitertrupp rechtzeitig warnen. Hinter den Spähern ritt Hans Meusebach.

Doch am ersten wie auch am zweiten Tag ihres Rittes ließ sich kein Comanche blicken. Sicherlich fürchteten die Indianer den bewaffneten Trupp der Weißen und hielten sich in respektvoller Entfernung.

Am späten Nachmittag schlug das Wetter plötzlich um. Ein starker Wind fegte über die Prärie und wirbelte Sand und Staub in die Luft. Dunkle Wolken ballten sich zusammen und deckten das Blau des Himmels zu. Ein paarmal zuckten grelle Blitze über die schwarze Wolkenwand, dumpfe Donnerschläge ließen die Erde erzittern.

Dann setzte mit einem Mal ein heftiger Regen ein, der in Sturzbächen herniederging und das weite Prärieland in einen einzigen See verwandelte. Der Boden war jedoch so ausgetrocknet, daß das Wasser schnell versickerte. Nach einer halben Stunde hörte der Regen auf, die Wolken verzogen sich, und die Sonne kam wieder durch.

Am nächsten Vormittag stießen die Reiter auf die ersten Kolonisten, vier Ochsengespanne und 22 Männer und Frauen. Am Nachmittag traf der Rest des Trecks ein, 162 Männer, Frauen und Kinder. Etwa vierhundert Menschen hatten die Reise nicht überstanden.

In den ersten Tagen hatte man die Toten noch begraben, doch dann starben immer mehr, dreißig, vierzig an einem Tag. Die Überlebenden waren selbst so krank und erschöpft, daß sie sich nicht mehr um die Toten kümmern konnten.

Meusebach ordnete an, ein Lager aufzuschlagen und eine zweitägige Rast einzulegen. Währenddessen ritten einige Männer den Pfad zurück, um die Toten zu begraben. Auf einem Planwagen sammelten sie den Rest der Habe, den die Kolonisten zurückgelassen hatten.

Wie durch ein Wunder war der Rest des Wagenzuges auf dem ganzen Weg nicht von Indianern belästigt worden. Die Freude bei Köhler und Hombach war groß, als sie ihre Frauen und Kinder unversehrt in die Arme schließen konnten.

Der Friedensvertrag

Die Prärie brennt

Bis Ende 1846 hatten sich mehr als fünfhundert Kolonisten in Fredericksburg angesiedelt. Meusebach sah jetzt seine wichtigste Aufgabe darin, das gewaltige Gebiet des Fisher-Miller-Grants den neu hinzugekommenen Siedlern zugänglich zu machen. Dem stand jedoch ein Hindernis im Weg: die Comanchen.

Schon das Wort „Indianer" ließ damals die Menschen erschauern, panische Angst und Entsetzen verbreiteten sich aber, wenn von „Comanchen" die Rede war. Dieses Wort bedeutete in der Sprache der Ute-Indianer „Feind". In der Zeichensprache der Indianer war „Comanche" eine schlängelnde Rückwärtsbewegung des Zeigefingers und bedeutete heimlich, hinterhältig. Die Schlange war bei den Indianern das Symbol für Heimlichkeit.

Die Comanchen, die das damalige texanische Territorium — darunter auch den Fisher-Miller-Grant — als ihr ureigenes Land betrachteten, waren als wild und grausam verschrieen, als ein Haufen unkultivierter Wilder, die mordend und plündernd durch das Land zogen und jedem Weißen nach dem Leben trachteten.

Lag aber die Schuld nicht auch zu einem großen Teil bei dem weißen Mann, daß es immer wieder zu grausamen Ausschreitungen kam? Für den weißen Grenzer und den Soldaten existierte damals nur ein ungeschriebenes Gesetz, das „Faustrecht der Prärie". Es war ihm so heilig wie die Bibel, denn es gestattete ihm, Meinungsverschiedenheiten mit der Waffe zu bereinigen und Selbstjustiz zu üben. Für ihn war es kein Mord, wenn er eine Indianerfrau aus dem Hinterhalt erschoß oder den Kopf eines Indianerkindes so lange gegen einen Felsen schlug, bis das kleine Wesen sein Leben aushauchte. Nur zu oft hatten sich Weiße zu solchen Schandtaten hinreißen lassen.

Rächten sich dann die Indianer und töteten und skalpierten weiße Siedler oder Soldaten, war dies in den Augen der Amerikaner Mord oder Massaker. Man sprach von den barbarischen Wilden. Nicht ganz schuldlos an dem verzerrten Bild des Indianers war auch jene blutrünstige Geschichte über eine weiße Gefangene der Comanchen, die die Amerikanerin Rachel Plummer 1839 verfaßte und die durch alle Zeitungen ging. Sie bestärkte die Amerikaner noch in dem Glauben, daß „der einzige gute Indianer ein toter Indianer“ sei.

Wie oft waren Verträge mit den Indianern von den Weißen gebrochen worden. Nimmt es da wunder, wenn auch die Comanchen wortbrüchig wurden, weil sie den Versicherungen der Weißen nicht mehr glauben konnten?

Meusebach wagte den friedlichen Vorstoß in das Indianerterritorium und erreichte ein erstes Zusammentreffen mit den Comanchen-Häuptlingen.

Am 22. Januar 1847 brachen vierzig berittene Männer und drei Planwagen in Fredericksburg auf. Unter ihnen befand sich der Mexikaner Lorenzo de Rozas, der als Kind von den Comanchen geraubt worden war. Er war mit ihren Bräuchen und ihrer Sprache vertraut und deshalb von Meusebach als Dolmetscher ausgesucht worden.

Schon bald stellten sich die ersten Schwierigkeiten ein. Einer der Männer, ein ausgezeichneter Jäger, verletzte sich bei einem Schuß auf einen Büffel so ernstlich, daß er umkehren mußte. Das kühle Wetter und ein klarer, blauer Himmel trugen dazu bei, den beschwerlichen Ritt während des Tages angenehm zu machen. Als sich die Reiter am Abend des zweiten Tages ihrem Lagerplatz näherten, stiegen im Westen dicke Wolken auf.

Die Männer schlugen ihr Camp unter den Ästen mächtiger Lebenseichen auf. Nach dem Essen hüllten sie sich in ihre Dekken. Es war schon spät. Tiefe Stille lag über der Prärie.

Plötzlich glühte in der Ferne ein schwacher, rötlicher Lichtschein, für den man keine Erklärung fand. Müde von dem anstrengenden Ritt, rollten sich die Männer noch fester in ihre Decken.

Meusebach hatte angeordnet, daß sich alle zum Schlafen flach auf den Boden legten, um nicht irgendwo lauernden Indianern als Ziel für ihre Pfeile zu dienen. Vier Wachen wurden aufgestellt, die sich stündlich ablösten.

Meusebach konnte noch nicht einschlafen. Er horchte angestrengt in die Nacht, als die Stille von dem langgezogenen Geheul eines Coyoten unterbrochen wurde. Ein zweiter Präriewolf stimmte in den Klageruf ein, und dann mußten es zehn, zwanzig oder mehr sein, die sich zu einem ohrenbetäubenden Chor vereinten, der Furcht und Schrecken in der Prärie verbreitete.

Die Pferde stampften unruhig mit den Hufen, aufgescheuchte Kaninchen huschten über den Lagerplatz, und in den Ästen der Eichen wurden Vogelstimmen laut.

Das Geheul der Coyoten hatte die Männer aus dem Schlaf geschreckt. Im Nu war das ganze Lager munter. Der rote Lichtschein im Westen war heller geworden. Beißender Qualm drang zu ihnen herüber.

„Die Prärie brennt!“ rief einer der Wachtposten und rannte auf Meusebach zu. „Wir müssen uns sofort fertigmachen und unsere Pferde satteln, damit wir gewappnet sind, wenn das Feuer näher kommt!“

„Ein Präriebrand bedeutet, daß die Indianer nicht weit sind“, rief Meusebach. „Sie stecken das Gras in Brand, damit die Flammen ihnen das Wild vor die Läufe ihrer Gewehre treiben. Wahrscheinlich haben sie heute den ganzen Tag gejagt. Das Feuer hat aber größere Ausmaße angenommen, als ihnen lieb sein dürfte!“

Immer näher kamen die züngelnden Flammen. Schon glaubten die Männer, das Feuer werde auf ihr Lager übergreifen. Meusebach trieb seine Begleiter zur Eile an. Sie banden sich ihre Halstücher vors Gesicht, sprangen in den Sattel und ritten in vollem Galopp durch das Flammenmeer. Die Fuhrleute, die die Planwagen lenkten, schlugen auf ihre Tiere ein.

Der Ausbruch gelang. Immer weiter ließen die Reiter die Feuerwand hinter sich. Im Umkreis von dreißig Meilen war die Prärie verbrannt. Es fand sich kein Futter für die völlig erschöpften Tiere, und die Männer mußten noch bis zum Abend durchreiten, ehe sie wieder Grasland vorfanden und ein Lager aufschlagen konnten.

Das Treffen am Llano River

Am nächsten Tag hatten die Männer Schwierigkeiten, die drei Planwagen über einen Gebirgskamm zu bringen. Nach drei Stunden hatten sie es endlich geschafft. Sie durchquerten das kristallklare Wasser des Llano River, dann ging es wieder durch hügelige Prärielandschaft. Auch an diesem und in den nächsten Tagen bekamen sie nicht einen einzigen Indianer zu Gesicht.

Erst am 31. Januar, als sich Meusebach mit vier seiner Begleiter auf der Jagd befand, begegneten sie einem Shawnee-Indianer. Sie nahmen ihn mit ins Lager, gaben ihm zu Essen, und in gebrochenem Englisch erzählte der Rote, daß er sich mit mehreren Stammesbrüdern auf der Jagd befand.

„Jedes Jahr um diese Zeit Shawnees kommen zur Jagd nach hier", radebrechte er und zeigte in die Runde. „Jagd sein sehr gut hier. Viel Rotwild."

Meusebach bot dem Indianer an, ihn und zwei weitere Shawnees als Jäger anzustellen. Das Jagen war in diesem Gebiet für die Weißen äußerst schwierig und wenig einträglich. Die Indianer waren bessere Jäger. Der Shawnee nahm das Angebot an.

Die Shawnees gehörten zu den halbzivilisierten Indianern. Sie lebten in Arkansas und bestritten ihren Lebensunterhalt als Farmer. Auf ihren Jagdexpeditionen kamen sie bis in das entlegene Texas.

Meusebach wußte, daß die Comanchen in großer Zahl das Gebiet bevölkerten, in dem sie sich befanden. Trotzalledem hatten sie bisher keinen entdeckt. Die Shawnees versicherten ihm aber, daß der Reitertrupp schon seit Tagen von den Comanchen überwacht werde. Man hatte ihre Spuren im Büffelgras und auf dem sandigen Prärieboden entdeckt. Ab sofort ließ man noch mehr Vorsicht walten und verstärkte die nächtlichen Wachen.

Als die Männer am Morgen des 5. Februar ihr Lager abbrechen wollten, gewahrten sie acht Comanchen, die mit einer weißen Fahne auf sie zuritten, ein Zeichen, daß sie in friedlicher Absicht kamen. Lorenzo, der Dolmetscher, und Meusebach gingen ihnen entgegen.

Der Sprecher der Comanchen, Häuptling Ketemoczy, wandte sich an Meusebach: „Der rote Mann ist besorgt. Seit die weißen Männer den Llano River überquerten, haben die Comanchen sie beobachtet und sind ihnen gefolgt.“ Ketemoczy sprach ein gutes Englisch. „Wir fragen den weißen Mann, ob er sein Kriegsbeil ausgegraben hat und in das Land der Comanchen einfallen will? Da es den Anschein hat, haben wir unsere Frauen und Kinder in entferntere Gebiete gebracht und viele Krieger um uns versammelt. Der weiße Mann kann den Krieg haben, die Comanchen sind bereit!“

Als Ketemoczy geendet hatte, hob Meusebach die rechte Hand zum Zeichen, daß er sprechen wollte. Lorenzo übersetzte Wort für Wort in die Sprache der Comanchen:

„Ketemoczy hat unser Wort, daß wir in friedlicher Absicht kommen und die Freundschaft unserer roten Nachbarn suchen. Wir sind Deutsche und kommen von jenseits des Ozeans. Wir sind auf der Suche nach einer neuen Heimat. Wir haben bereits zwei Städte gebaut, New Braunfels und Fredericksburg. Die Comanchen betrachten wir als unsere Nachbarn und Freunde und werden sie immer freundlich aufnehmen, wenn sie uns in unseren Städten besuchen. Wir erwarten aber auch, daß uns die Comanchen die gleiche Gastfreundschaft entgegenbringen.

Heute sind wir gekommen, um mit den Comanchen freundschaftlichen Kontakt aufzunehmen. Wir haben Geschenke mitgebracht, die wir dem Häuptling übergeben wollen.“

Meusebach sprach die Hoffnung aus, daß auch die Indianer offen und aufrichtig sein würden. Etwaige Ränkespiele oder Pferdediebstähle würden die Weißen nicht hinnehmen und entsprechend ahnden. „Ketemoczy sieht, daß wir gut bewaffnet sind. Im Ernstfall werden wir uns zu verteidigen wissen!“

„Die weißen Männer, die sich Deutsche nennen, haben auf die Comanchen einen guten Eindruck gemacht. Sie sind nicht so abweisend wie die Amerikaner und Engländer", entgegnete Ketemoczy. „Ihr Führer Meusebach ist bei uns als Häuptling ‚Rote Sonne' bekannt. Wir schätzen ihn sehr, weil er nicht mit gespaltener Zunge spricht und zu seinem Wort steht!"

Darauf erklärte Ketemoczy, erst mit den anderen Häuptlingen sprechen zu müssen, um eine Unterredung im Camp der Comanchen mit den Weißen zu vereinbaren.

„Die weißen Männer mögen sich noch zwei Tage gedulden, dann werden einige unserer Krieger ‚Rote Sonne' und seine Begleiter abholen und ins Camp der Comanchen führen. Dort soll dann alles besprochen werden", sagte Häuptling Ketemoczy. Er verabschiedete sich mit einem Handzeichen, wendete seinen Mustang und ritt mit den übrigen Kriegern den Weg zurück, den sie gekommen waren.

Im Lager der Comanchen

Ketemoczy hielt Wort. Am Nachmittag des zweiten Tages, dem 7. Februar, erschienen vier indianische Reiter im Lager der Deutschen, um sie zu der vereinbarten Besprechung ins Comanchen-Lager abzuholen. Schon von weitem gewahrten Meusebach und seine Begleiter eine große weiße Flagge, die auf der Spitze eines Hügels flatterte und die friedlichen Absichten der Comanchen ausdrücken sollte.

Nach einer Stunde erreichten sie den San Saba River und ritten in das Lager, wo die Indianer ein großes Empfangszeremoniell für die Deutschen vorbereitet hatten. Umgeben von den Wigwams und bunten Tipis, den kleinen Indianerzelten, hatten sich mehrere hundert berittene Comanchen in langer Front aufgestellt.

Den rechten Flügel bildeten die Krieger. Sie wurden von mehreren Häuptlingen angeführt. Auf der linken Seite hatten sich die Squaws und Kinder formiert, die ebenfalls beritten waren.

Es war ein farbenprächtiges Bild, das die Comanchen ihren deutschen Gästen boten. Die Indianer hatten aus dem festlichen Anlaß ihre bunten Gewänder angelegt. Hals und Ohren der Krieger waren mit Perlen und kleinen Muscheln geschmückt, an den Armen trugen sie schwere Messingringe. Das lange schwarze Haar, das sie in Flechten gebunden trugen, war durch angeknüpftes Büffelhaar verlängert worden und reichte ihnen, reich verziert mit Silberornamenten, bis zu den Füßen. Es glänzte von Fett.

Als Fußbekleidung trugen sie Mokassins, aus Tuch und Wildleder gefertigte Schuhe. Sie waren wie die Wildlederhosen mit Perlen bestickt. Über ihre Schultern hatten sie rote und blaue Tücher in der Art geschlagen, die an die römische Toga erinnerte.

An Waffen besaßen die meisten Comanchen neben Pfeil und Bogen die langläufige amerikanische Büchse. Natürlich fehlte auch nicht der lange, mit Federn geschmückte Speer, dessen Spitze wirksamer war als die beste Toledoklinge. Ein aus Büffelhaut gefertigter Schutzschild, bunt bemalt, vervollständigte die Kampfausrüstung.

Hundert Schritte von den Comanchen entfernt zügelten die Deutschen ihre Pferde. Lorenzo empfahl Meusebach, seine Männer sollten ihre Gewehre und Pistolen in die Luft abfeuern. Eine Geste, die man im damaligen rauhen Westen übte, um dem anderen zu beweisen, daß man ihm vertraute.

Meusebach ging auf den Vorschlag ein. Die Comanchen folgten dem Beispiel der weißen Männer und schossen ihre Gewehre ebenfalls leer.

Ketemoczy und die übrigen Häuptlinge sprangen von ihren Pferden und gingen auf Meusebach zu, der aus dem Sattel gestiegen war.

„Wir grüßen den weißen Häuptling!" rief Ketemotczy. „Rote Sonne' hat uns bewiesen, daß er dem Pfad des Friedens folgen will. Er und seine Männer mögen uns jetzt in das Dorf der Comanchen begleiten!"

Die Zelte waren entlang des Flußufers errichtet, mitten in der fruchtbaren Mesquiteprärie. Hier fanden die Pferde und Maultiere der Deutschen ausgezeichnetes Gras.

Ganz wohl war Meusebach und seinen Begleitern nicht in ihrer Haut. Schließlich waren sie nur vierzig und einer Übermacht von tausend Indianern auf Gedeih und Verderb ausgeliefert.

Vor dem großen Häuptlingszelt, um ein Lagerfeuer, waren Büffelhäute ausgebreitet, auf denen sich Ketemoczy und acht weitere Häuptlinge niederließen, unter ihnen Mopechucope (Alte Eule), Santana und Buffalo Hump. Mit einer einladenden Handbewegung forderte er die Deutschen auf, Platz zu nehmen.

Verhandlungen am Beratungsfeuer

Nachdem das Kalumet, die Friedenspfeife, die Runde gemacht hatte, meinte Ketemoczy: „Rote Sonne mag jetzt seine Wünsche und Vorschläge äußern."

„Wir haben zwei Wünsche", antwortete Meusebach. „Einmal möchten wir das Gebiet des Fisher-Miller-Grants erkunden, ob es sich für eine Besiedlung eignet, zum anderen — und das ist unser Hauptanliegen — einen Friedensvertrag mit unseren roten Nachbarn schließen . . ."

Ketemoczy nickte. „Rote Sonne möge fortfahren!"

Meusebach sprach langsam. „Meine Brüder, ich habe diese weite Reise unternommen, um euch zu treffen und mit euch die Friedenspfeife zu rauchen. Ich wünsche, daß ihr mich genau anhört, denn meine Worte sind wahr und aufrichtig gesprochen, wie wir Deutsche es gewohnt sind. Das Volk meiner Väter, das ein kriegerisches und tapferes Volk und, wie ihr seht, gut bewaffnet ist, sandte mich nach hier. Ich kam mit vielen meiner Landsleute von jenseits des großen Wassers. Wir sind mit den Amerikanern vereint, sie sind unsere Brüder, und wir alle leben unter dem Großen Vater, dem Präsidenten in Washington.

Damit ihr uns, eure Nachbarn, kennenlernt, möchten wir mit euch wegen eines Friedensvertrages verhandeln. Viele meiner Landsleute leben an dem Wasser, das ihr Guadalupe nennt, viele an dem Fluß, den die Mexikaner Pedernales nennen. Dort leben sie in Zelten, Hütten und Häusern.

Ich möchte mit einigen meiner Brüder an das Wasser des Llano kommen, um dort für immer zu wohnen. Wir wollen unsere Frauen und Kinder mitbringen und Getreide anbauen. Mein Volk kennt den Anbau von Getreide und auch die Zucht jener Tiere mit Hörnern, wie sie die Büffel haben; wir nennen sie Rinder. Die Deutschen sind ein fleißiges Volk, sie verstehen, dem Boden Dinge abzugewinnen, die auch ihr gern eßt. Sie werden genug ernten, um sich und auch unsere roten Brüder zu ernähren.

Wir fürchten den Krieg nicht, lieben jedoch den Frieden, und wenn ihr bereit seid, den weißen Pfad des Friedens mit unserem Volk zu beschreiten, werden unsere Herzen glücklich sein. Wir bitten daher unsere Brüder, den roten Pfad des Krieges zu verlassen und den weißen Pfad zu gehen und uns, unsere Städte, Dörfer und Wigwams zu besuchen.

Wenn ihr den Pfad des Friedens mit uns geht, werdet ihr immer Getreide, Mais, weißes Mehl, süßen Zucker, braunes Wasser, das wir Kaffee nennen, und jede Art von Fleisch haben. Meine roten Brüder können Pelze, Pferde, Maultiere und andere Dinge zum Tausch bringen. Ihr aber und eure Frauen und Kinder sollt wissen, daß wir immer unsere Mahlzeiten mit euch teilen, wenn ihr hungrig seid.

Ich mache folgende Vorschläge: Meinen Landsleuten wird gestattet, überallhin zu reisen, ohne daß ihnen ein Leid zugefügt wird. Im Gegenteil, meine roten Brüder sollten ihnen auf allen Wegen Schutz geben. Auf der anderen Seite mögen meine roten Brüder ohne Furcht zu unseren Wigwams in unsere Städte kommen, sie können hingehen, wohin sie wollen, immer werden wir sie beschützen, solange sie den weißen Pfad benutzen.

Ihr, die Häuptlinge und euer Volk, werdet uns unterstützen, wenn Banditen oder rote Männer eines anderen Stammes unsere Pferde stehlen oder uns überfallen. Wir helfen euch, wenn ihr angegriffen werdet.

Ich werde einige Männer nach hier senden mit jenem runden Ding, das wir Kompaß nennen und von dem die Indianer sagen, daß man damit Land stehle. Mit diesem und anderen Geräten werden wir das gesamte Gebiet am San Saba vermessen und die Grenzen festlegen, um recht bald mit der Bestellung der Felder beginnen zu können. Und wenn ihr, nachdem ihr mit eurem Volk gesprochen habt, bereit seid, den Vertrag zu unterzeichnen, dann werde ich euch, euren Kriegern und Frauen Geschenke in einer Menge übergeben, die wir nach Metallstücken berechnen und Dollars nennen. Ihr werdet Geschenke im Wert von tausend Dollar bekommen.

Ich mache den Vertrag nicht, um euch vom Land eurer Väter zu vertreiben. Wir werden unsere Häuser neben euere Wigwams setzen, und zwar überall dort, wo sich der Boden für den Anbau von Getreide eignet. Wir werden zusammen wohnen wie ein Volk von Brüdern. Der Teil des Landes, den wir für uns benötigen, ist verhältnismäßig klein. Die größere Fläche wird euch verbleiben. Der rote Mann baut kein Getreide an und züchtet kein Vieh. Er bestreitet seinen Unterhalt durch die Jagd, macht seine Zelte aus Büffelhaut, die er heute hier und morgen dort aufbaut.

Wenn der Büffel nach Norden wandert, das Gras vertrocknet oder durch Feuer zerstört wird und der rote Mann nicht in der Lage ist, Wild mit Pfeil und Bogen zu erlegen oder der kalte Nordwind ihn in die Zelte verbannt, dann möge er zu meinem Volk kommen und das eintauschen, was er benötigt. Wenn der Hunger die Comanchen plagt, werden sie keine Sorgen mehr haben, satt zu werden, denn unser Volk wird auf den Feldern mehr anbauen, als es für den eigenen Bedarf braucht.

Ich kann den Comanchen jetzt noch nicht die genaue Stelle zeigen, wo ich die Wigwams für meinen weißen Stamm errichten werde — auf jeden Fall wird dies aber in der Nähe des Wassers sein, das ihr Llano nennt. Ich möchte, daß ihr darüber beratet, was ich euch gesagt habe. Nachdem euer und mein Volk einige Zeit zusammen gelebt haben, kann es sein, daß einige eurer Squaws Krieger meines Stammes heiraten oder unsere Squaws Krieger eures Stammes. Es wird nicht lange dauern, und unsere jungen Krieger werden die Sprache der Comanchen verstehen und sprechen lernen, und wir werden bessere Freunde sein.

Sollten wir uns über meine Vorschläge einigen, werde ich die Geschenke holen, die wir für euch mitgebracht haben, und wir werden einen Zeitpunkt bestimmen, wann wir den Friedensvertrag unterzeichnen. Das sollte nicht später als nach zwei Vollmonden sein. Ich hoffe, daß wir zu einem Abschluß kommen. Ich rufe Manitu, den Großen Geist, als Zeugen an, daß ich die volle Wahrheit gesagt und nicht mit gespaltener Zunge gesprochen habe. Ich habe gesprochen. Mögen mir meine roten Brüder jetzt antworten. Mein Ohr ist geöffnet!"

Häuptling Mopechucope nickte. Nach langem Schweigen hob er die rechte Hand: „Mein Freund hat einen langen Weg zurückgelegt, um mich zu treffen. Ich habe seine Worte gehört und vertraue ihm. Ich glaube, was er hier im Rat der Häuptlinge gesagt hat. Die Herzen meines Volkes sind froh, und ich bin glücklich, euer Volk kennenzulernen, das so weit von jenseits des großen Wassers gekommen ist, um uns zu besuchen.

Mein Bruder sagt, daß er seine Wigwams entlang dem Wasser errichten will, das Llano heißt. Mein Volk hier wird nichts dagegen haben, doch ich habe mich noch nicht mit allen meinen Kriegern beraten. Viele folgen zur Zeit der Fährte des Büffels, andere befinden sich auf dem roten Pfad nach Westen, wo die Sonne untergeht (nach Mexiko). Ich muß mit ihnen erst Rat halten, da ich meinen weißen Brüdern eine endgültige Antwort geben will. Ich weiß, daß das Volk der Texaner eine Grenze zwischen uns und den Bleichgesichtern ziehen will. Ich möchte daher auch mit den entfernt wohnenden Comanchenstämmen

sprechen, denn ich will nicht ein Versprechen geben und hinterher mein Wort brechen.“

Meusebach erwiderte: „Unsere Frauen und Kinder werden sich freuen, wenn wir ihnen von den Worten des Friedens berichten, die mein Bruder gesprochen hat. Er und sein Volk haben nichts dagegen einzuwenden, wenn wir unsere Häuser und Zelte entlang dem Wasser des Llano errichten und das Land im Nordwesten erkunden und vermessen. Wir, unsere Frauen und Kinder werden uns entlang dem ersten Gewässer niederlassen. Mein Bruder wünscht den weißen Pfad des Friedens mit unserem Volk zu beschreiten. Er wird mit den anderen Kriegern seines Stammes verhandeln und die Meinung ihrer Häuptlinge vernehmen.

Mein Bruder spricht von einer Abgrenzung zwischen den Rot- und den Bleichgesichtern. Ich verachte meine roten Brüder nicht, weil sie eine dunklere Hautfarbe haben, und mein roter Bruder verachtet mich nicht, weil wir eine hellere haben. Wenn unser Großer Vater und Präsident in Washington eine solche Grenzlinie zwischen uns zu ziehen wünscht, mag er es tun. Wir werden uns nicht an sie halten, da sie für uns nicht existiert. Wir sind Brüder und wollen als solche zusammenleben. Daher wünschen wir einen Friedensvertrag mit euch, den tapferen Comanchen. Ich habe gesprochen.“

„Die Comanchen vernehmen mit Freude, was mein Bruder sagt“, entgegnete Mopechucope, und einen Augenblick lang lag ein strahlender Glanz auf seinem Gesicht. „Nach dem zweiten Vollmond werde ich mit meinem Volk zu dem Platz kommen, den ihr Fredericksburg nennt. Dort werden wir mit euch den Friedensvertrag schließen, den ihr wünscht. Ich habe gesprochen.“

Kriegshäuptling Santana schloß sich seinem Vorredner Mopechucope an: „Mein Bruder, wir haben euren Worten gelauscht. Die Entscheidungen, die wir als Häuptlinge fällen, werden von unseren Kriegern befolgt. Wir hoffen, daß Rote Sonne die Wahrheit gesprochen hat. Das wird sich erweisen, wenn der Tag des Handelns kommt: die Unterzeichnung des Friedensvertrages und die Übergabe der Geschenke. Ich glaube, daß die Deutschen ehrlich und aufrichtig mit uns verhandeln werden. Ich habe den Großen Vater in Washington getroffen, und wir haben einen guten Vertrag mit ihm gemacht. Ich hoffe, daß der Vertrag, den euer Volk mit den Comanchen plant, gleich gut und von Dauer sein wird. Ich habe die Worte unseres Großen Vaters nicht vergessen. Sie sind in mein Herz geschrieben, und jeden Morgen, wenn ich aufwache, sehe ich ihn vor mir, genauso wie in Washington, als er zu mir sprach.

Ich hoffe, daß mein deutscher Bruder wie mein Großer Vater in Washington denkt und daß auch sein Herz um alle roten Kinder besorgt ist. Wir werden gemeinsam den Friedenspfad gehen. Dieser Pfad wird sehr lang sein und zu den Toren meines Vaters in Washington führen, zu seinem Herzen und zu den Herzen eures Volkes. Ich habe gesprochen!"

Die Schlußworte sprach Kriegshäuptling Buffalo Hump: „Rote Sonne soll nicht glauben, daß ich den Vertrag nicht billige, weil ich bisher geschwiegen habe. Meine Brüder, die leitenden Häuptlinge, haben ihre Friedensliebe beteuert und alles gesagt. Sie haben Rat gehalten, und ich pflichte den Abmachungen von Mopechucope und Santana in voller Übereinstimmung bei. Ich habe gesprochen!"

Ketemoczy, Mopechucope, Santana und Buffalo Hump waren die ersten Häuptlinge der Comanchen, die die Deutschen auf ihrer Expedition ins Innere des Landes trafen. Die Zahl ihrer Krieger betrug zwischen 1 200 und 1 400.

Rauchzeichen verkünden den Frieden

Die Indianer hatten als Termin für die Vertragsunterzeichnung die Zeit nach dem zweiten Vollmond vorgeschlagen. In Fredericksburg wurde der 9. Mai 1847, ein Sonntag, für das Zeremoniell vorgesehen. Gleichzeitig sollte an diesem Tag, genau ein Jahr nach Gründung der Stadt, der Grundstein für

die neue Vereinskirche gelegt werden. Man hatte die Comanchenhäuptlinge und ihr Gefolge durch einen Boten eingeladen, an diesem Fest teilzunehmen.

Am Vormittag des 9. Mai erschienen die beiden Häuptlinge Ketemoczy und Santana mit einigen Stammesangehörigen in vollem Federschmuck hoch zu Roß in Fredericksburg. Die Comanchen hatten sich gleichzeitig auf den ersten Handel mit den Deutschen vorbereitet und als Tauschartikel gegerbte Häute, Bärenfett und wilden Honig mitgebracht.

Den Bewohnern der Stadt, vor allem den Frauen und Kindern, war nicht ganz wohl bei dem Besuch der Comanchen-Abordnung. Um sicherzugehen, daß die Deutschen auch Wort hielten und den Häuptlingen und ihrem Gefolge in der Stadt kein Leid zugefügt würde, hatten die Comanchen Fredericksburg im wahrsten Sinne des Wortes eingekesselt. Mehrere tausend Indianer lagen auf der Lauer, um sofort anzugreifen, falls auf seiten der Weißen Verrat geübt wurde.

Kleinere Gruppen der Comanchen hatten auf den Bergen und Hügeln Feuer angezündet und berichteten durch Rauchsignale ständig ihren Stammesbrüdern und -schwestern über den Verlauf der Verhandlungen. Die Feuer, die rund um die Stadt zum Himmel emporloderten und bei Anbruch der Dunkelheit beängstigend wirkten, erschreckten vor allem die Kinder, die an einen Indianerüberfall glaubten und schreiend und weinend umherliefen. Die Mütter entsannen sich eines alten Brauchs in der deutschen Heimat, wo man am Palmsonntag Osterfeuer anzündete. Um ihre Kinder zu beruhigen, erzählten sie ihnen, da oben auf den Bergen hätte der Osterhase große Feuer angezündet, um die Ostereier zu färben. Seitdem werden in Fredericksburg alljährlich am Palmsonntag Osterfeuer angezündet.

Am Vormittag des 9. Mai ging der Akt der Friedensvertrags-Unterzeichnung der Grundsteinlegung voraus. Man hatte im Freien einen Tisch und mehrere Bänke aufgestellt. Meusebach lud die Comanchen ein, Platz zu nehmen, doch Ketemoczy entgegnete, Indianer seien nicht gewohnt, auf Bänken zu sitzen. Sie ließen sich lieber auf dem Boden nieder.

Meusebach und seine Mitunterzeichneten hatten das Dokument des Vertrages in deutscher und englischer Sprache ausgearbeitet. Wieder fungierte Lorenzo de Rozas als Dolmetscher, als Meusebach den Text verlas:

„Zwischen dem Generalbevollmächtigten des Vereins zum Schutze deutscher Einwanderer in Texas, Hans O. Meusebach, seinen Nachfolgern und Bevollmächtigten, zum Nutzen und im Namen der Deutschen, die hier leben und sich auf dem Land zwischen den Flüssen Llano und San Saba ansiedeln wollen, und den Häuptlingen des Comanchen-Volkes, die unten genannt sind und unterschrieben haben, wird der folgende Friedens- und Freundschaftsvertrag vereinbart:

1. Den deutschen Kolonisten des Grants zwischen den Wassern des Llano und San Saba ist erlaubt, jeden Teil des besagten

Gebietes zu betreten, und es wird ihnen Schutz durch das Volk der Comanchen und seine Häuptlinge zugesichert. Andererseits dürfen die Comanchen und ihre Häuptlinge jederzeit die deutschen Kolonien, Städte und Siedlungen besuchen und sich dort frei und ohne Furcht bewegen. Solange sie den weißen Pfad des Friedens beschreiten, werden sie unter dem Schutz der Deutschen stehen.

2. Die Comanchen versprechen, die deutschen Kolonisten bei der Ansiedlung am Llano nicht zu stören oder zu belästigen, sondern sie zu unterstützen und zu benachrichtigen, wenn sie feindliche Indianer in der Nähe der Ansiedlung entdecken. Die Deutschen sichern den Comanchen jede Hilfe zu, wenn sie gegen ihre Feinde kämpfen, sich in Gefahr befinden, wenn man ihre Pferde stehlen will oder sie belästigt. Beide Parteien, Comanchen und Deutsche, kommen überein, jeden einzelnen Banditen oder ganze Banden, die stehlen oder die Gegend unsicher machen, vor ein ordentliches Gericht zu stellen. Das Urteil wird ein Vertreter unseres Großen Weißen Vaters in Washington sprechen.

3. Die Comanchen und ihre Häuptlinge gewähren Mr. Meusebach, seinen Nachfolgern und Bevollmächtigten das Vorrecht, das Land bis zum Concho River und, falls erforderlich, auch bis zum Colorado River zu erforschen und zu vermessen. Sie versprechen, niemanden zu belästigen oder in seiner Arbeit zu behindern, der sich aus den genannten Gründen in dem Gebiet aufhält. Die Comanchen werden von dem Generalbevollmächtigten Mr. Meusebach nach der Unterzeichnung des Vertrages Geschenke und Lebensmittel im Wert von weiteren zweitausend Dollar erhalten.

4. Schließlich versichern beide Parteien, sich dafür einzusetzen, den Frieden zwischen ihren Völkern zu wahren und nicht von dem weißen Pfad des Friedens abzuweichen.

Wir bestätigen den vorstehenden Vertragstext durch unsere Unterschriften, oder, soweit wir der englischen Schrift nicht mächtig sind, durch unsere Zeichen.

Fredericksburg, an den Wassern des Pedernales River, den 9. Mai 1847."

Für die Siedler unterschrieben neben Meusebach der US-Indianeragent R. T. Neighbors sowie die Siedler F. Shubbert, von Coll, John F. Torrey und Felix A. von Blücher. Die Indianer, die die englische Schrift nicht beherrschten, setzten hinter ihren von Meusebach vorgezeichneten Namen anstelle der Unterschrift ein Kreuz. Von den Comanchen unterzeichneten die Kriegshäuptlinge Santana, Poch-An-Sanoch-Go, Moora-quitop, Matasane, To-shaw-wheneschke und Nokahwhek, von den Delawaren die Kriegshäuptlinge Jim Shaw und John Connor. Die beiden letzteren hatten den Deutschen monatelang als Kundschafter gute Dienste geleistet.

Nach der Unterzeichnung des Vertrages loderten die Feuer auf den Berggipfeln hell auf, zum Zeichen für alle Comanchenstämme, daß Rote Sonne und seine deutschen Brüder Wort gehalten hatten und von den Weißen keine Gefahr zu befürchten war. Das letzte Rauchzeichen, das die Comanchen ihren Stammesbrüdern und -schwestern signalisierten, bedeutete „Frieden". Dann erloschen die Flammen.

Die Häuptlinge und ihr Stammesgefolge verbrachten den Rest des Tages in Fredericksburg und wohnten als Gäste der feierlichen Grundsteinlegung der Vereinskirche bei. Mit großem Interesse verfolgten sie den Festzug der weißen Siedler, die ihre deutschen Heimattrachten angelegt hatten. Die Spitze des Zuges bildeten der Pfarrer und der Lehrer, gefolgt von den Beamten des Adelsvereins, den Soldaten und Rangern zu Pferde und der kleinen Vereinskanone, die von vier Pferden auf einer Lafette gezogen wurde. Die Schar der Fredericksburger Kolonisten schloß sich einer Blaskapelle an, die mit schmissigen Klängen vorausmarschierte zu dem Bauplatz, wo die Kirche entstehen sollte.

In den Grundstein wurde ein Dokument mit einer Beschreibung des Bauprojektes eingemauert. Es folgten einige Ansprachen des Pfarrers, des Lehrers und des Vereinsdirektors, dann beendete ein Salutschuß aus der Kanone das offizielle Zeremoniell.

Der Rest des Tages war einem Volksfest gewidmet, an dem sich auch die Comanchen beteiligten. Als die Deutschen mit ihren Volkstänzen begannen, blieben die Indianer verblüfft stehen. Mit erstaunten Blicken folgten sie den Männern und Frauen, die sich in wirbelndem Tanz nach den Klängen der Kapelle auf dem grünen Rasen drehten. Anschließend erklärten die Gäste sich bereit, ihre Indianer- und Kriegstänze aufzuführen.

Ketemoczy und Santana bedankten sich zum Schluß für die Gastfreundschaft. Es habe ihnen ausgezeichnet bei den Deutschen gefallen, sagten sie, und sie würden gewiß bald wiederkommen, dann aber für mehrere Tage.

Meusebach legt sein Amt nieder

Der Friedensvertrag war unterzeichnet. Somit stellt sich die Frage: Hielten sich die Comanchen an ihr gegebenes Versprechen?

Innerhalb der bezeichneten Gebietsgrenze: ja. Zwar gab es immer wieder Plünderungen, Vieh- und Pferdediebstähle und Kindesentführungen; in einigen Fällen wurden auch Siedler in der Nähe von Fredericksburg von Indianern getötet und skalpiert. Kam man den Tätern jedoch auf die Spur, dann stellte es sich heraus, daß es sich um Angehörige anderer Indianerstämme handelte.

Zur Ehre der Comanchen muß gesagt werden, daß die Häuptlinge Ketemoczy, Santana, Buffalo Hump und Mopechucope, solange sie an der Spitze ihres Stammes standen, sehr genau auf die Einhaltung der Vertragsbedingungen bedacht waren. Ließen sich tatsächlich einmal Angehörige ihres Stammes zu Übergriffen hinreißen, wurden sie sofort vor ein Strafgericht gestellt.

Selbst Oberst Jack Hays, der berühmte Texas-Ranger, bestätigte Meusebach, er habe mit Erstaunen festgestellt, daß die Comanchen sich tatsächlich an den Vertrag hielten. Auf einem mehrtägigen Ritt von El Paso nach San Antonio waren er und seine Männer nicht ein einziges Mal von Indianern belästigt worden, solange sie sich innerhalb der Grenzen der deutschen Kolonie befanden. Sobald sie aber in Nachbargebiete überwechselten, ging der Ärger wieder los. Sie wurden von Comanchen angegriffen und büßten zwei Pferde ein, die ihnen nachts gestohlen wurden.

Der Friedensvertrag ermöglichte es den Deutschen, den Fisher-Miller-Grant zu erschließen und zu besiedeln. In den nächsten Monaten gründete der Verein fünf weitere Ansiedlungen: Castell, Leiningen, Schönburg, Meerholz und Bettina; doch von den fünf Kolonien hat nur Castell überlebt.

Einige Städte, die innerhalb des Fisher-Miller-Grants errichtet wurden, existieren heute noch: Mason, Boerne, Comfort, Llano, Brady, San Saba und Paint Rock. In diesen Städten leben noch viele Nachkommen der ersten deutschen Siedler.

Der 3 800 000 Acre große ehemalige Fisher-Miller-Grant ist heute in sieben „Counties" (Kreise) aufgeteilt: Llano, San Saba, McCulloch, Mason, Menard, Kimble und Concho.

Die Finanzsituation des Vereins spitzte sich immer mehr zu. 1847 war es dann soweit, der Adelsverein mußte den Bankrott erklären. Ein Jahr später folgte seine Auflösung. Die „Deutsche Auswanderer-Gesellschaft", die man danach gründete, wurde mit der Abwicklung der Restgeschäfte des Vereins betraut. Meusebach hatte sein Amt als Generalbevollmächtigter niedergelegt. Sein Nachfolger war Hermann Spieß, der wiederum von Louis Bene abgelöst wurde.

Während seiner Amtszeit hatte Meusebach 729 Land-Zertifikate über 324 160 Acre an Kolonisten ausgegeben. Insgesamt waren den deutschen Einwanderern bis dahin 1 735 200 Acre Land bewilligt worden.

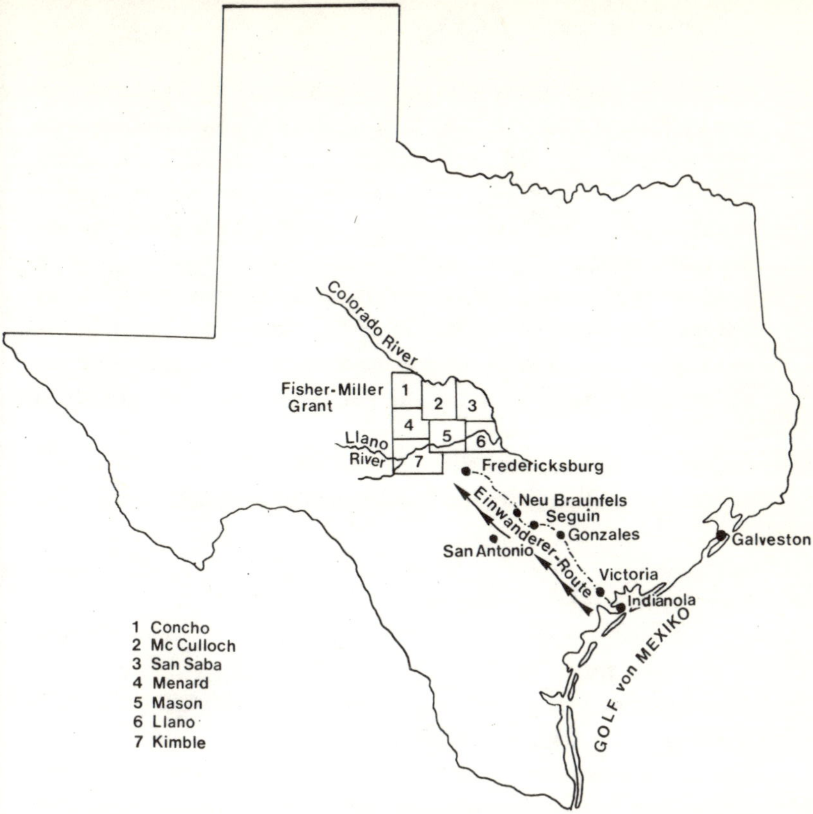

1851 reiste Meusebach nach Deutschland, um seine Mutter und seine Geschwister noch einmal wiederzusehen. Die politischen Verhältnisse in seiner Heimat nach den schicksalsschweren Jahren 1848/49 vergällten ihm aber den Aufenthalt, so daß es ihn schon bald wieder nach Texas zog, zumal man ihn dort in seiner Abwesenheit zum Senator der Kreise Bexar, Medina und Comal gewählt hatte. Außerdem war er zum Mitglied des Komitees für Staatsgeschäfte und des Erziehungskomitees ernannt worden.

Meusebach blieb mehrere Jahre Senator. Am 28. September 1852 heiratete er, 40jährig, die siebzehnjährige Agnes Coreth, mit der er drei Söhne und acht Töchter hatte. Das jungvermählte Paar verzog von New Braunfels nach Comanche Springs, und während des Bürgerkrieges lebte Meusebach mit seiner Familie im Gillespie County bei Fredericksburg. Später siedelte er ins Loyal Valley über, wo er am 27. Mai 1897 im Alter von 85 Jahren starb.

Er wurde in der Familiengruft in der Nähe von Cherry Springs beigesetzt. Die lateinische Inschrift auf seinem Grabstein gibt in kurzen Worten Auskunft über die Ziele, für die dieser aufrechte Demokrat ein ganzes Leben lang gekämpft hatte:

Tenax Propositi
Alles für Texas und Texas auf alle Zeit!

Der Grant wird besiedelt

Was wurde aus dem Fisher-Miller-Grant, als sich die „Deutsche Auswanderer-Gesellschaft" im September 1853 ebenfalls auflöste? Man übertrug zunächst alle Landrechte auf die Gläubiger, die Kolonisten. Hatten diese aber überhaupt einen Anspruch auf Land aus dem Grantgebiet? In mehreren Prozessen hatte man Fisher und Miller jeden Landanspruch abgesprochen. Wieder einmal stellte sich heraus, daß der Grant gesetzmäßig nie dem Verein gehört hatte und somit auch nicht von ihm an die Siedler hätte aufgeteilt werden dürfen. Das Grant-Gebiet war nach wie vor Eigentum des Staates Texas.

Die deutschen Kolonisten hatten jedoch Glück, daß der Staat Texas sie nicht im Stich ließ. Man gestattete ihnen, auf ihren Grundstücken wohnen zu bleiben. Später bewilligte man ihnen im Austausch mit anderen staatlichen Ländereien Grant-Land in der Größe, wie es ihnen vom Verein zugesichert worden war. Familien erhielten 640 Acre, ledige Siedler 320 Acre.

Schon bald fand die Kolonisation durch die Deutschen höchste Anerkennung bei den Regierungsstellen. Der harten Pionierarbeit, die die Siedler leisteten, war es zu verdanken, daß Städte wie New Braunfels und Fredericksburg aus dem Boden wuchsen, die man „Gärten von Texas" nannte.

Der Treck nach Westen hielt an. Die Neuankömmlinge wurden von den bereits ansässigen Siedlern beim Bau ihrer Häuser unterstützt. Überhaupt wurde Kameradschaft und Freundschaft damals im Westen großgeschrieben, denn jeder war auf seinen Nachbarn angewiesen.

Die ersten rohgezimmerten Blockhäuser wurden bald durch stabile Fachwerkhäuser ersetzt, die zum Teil noch heute stehen und unter Denkmalsschutz gestellt sind. Es wurden Schulen und Kirchen errichtet, und große General Stores entstanden, die die Bevölkerung mit allen lebenswichtigen Gütern versorgten.

Es dauerte nicht lange, und die ersten Zeitungen wurden gegründet. Sie waren die einzigen Kommunikationsmittel, die die tief in der texanischen Wildnis lebenden Siedler mit Nachrichten versorgten und sie so an den Ereignissen in aller Welt teilnehmen ließen. Ferdinand Lindheimer aus Frankfurt, ein bekannter Naturforscher und Botaniker, gründete die „New Braunfelser Zeitung". Daneben gab es die deutschsprachige „San Antonio Zeitung", die „Freie Presse für Texas" und den „Texas Vorwärts".

Die Lebensbedingungen verbesserten sich schlagartig, als Mitte 1849 mehrere Kompanien US-Kavallerie in Fredericksburg eintrafen und in der Nähe der Stadt mit dem Bau des Forts Martin Scott begonnen wurde. Die ständige Anwesenheit der Soldaten gab den Kolonisten Sicherheit. Sie konnten jetzt in Ruhe ihre Felder bestellen und abernten, ohne mit unliebsamen Störungen durch Indianer rechnen zu müssen. Noch wichtiger aber war der aufblühende Handel. Getreide, Mais und Heu wurden in großen Mengen an das Fort geliefert, und als in der Nähe von San Antonio zwei weitere Forts errichtet wurden, dehnten die Siedler von Fredericksburg und New Braunfels ihren Handel auch dorthin aus.

Die Lateinische Kolonie

Treue zur Union

„Königin unter den Städten am Guadalupe" nannte man Sisterdale, eine der ältesten deutschen Siedlungen im westlichen Texas. Sie lag — oder liegt, wenn auch heute verfallen — ungefähr fünfzig Meilen nordwestlich von San Antonio in einem herrlichen Tal, das vom Guadalupe und dem Sister Creek durchflossen wird. Die mächtigen Zypressen der Uferwaldung, die blumenreichen Ebenen, die steilen Felshänge, die hohen Gebirgszüge ringsum, aus denen sich die „Twin Sisters" (Zwillingsschwestern), zwei spitze nebeneinanderliegende Berge von gleicher Höhe, gen Himmel recken, und die auf den Hügeln verstreut liegenden Holzhäuser der Ansiedler boten ein landschaftliches Bild, wie man es sich schöner und anmutiger kaum denken konnte.

Der Sister Creek (Schwesternbach) verdankt seinen Namen der Tatsache, daß zwei Bäche, genannt die rechte und die linke Schwester, mehrere Meilen fast parallel nebeneinander fließen und sich erst eine halbe Meile oberhalb der Mündung in den Guadalupe vereinigen. Von hier ab trägt der Bach den Namen Sister Creek. Man bezeichnete damit aber nicht nur das von den „Sisters" durchflossene Tal, sondern die gesamte Ansiedlung.

Es war nicht zu verwundern, daß diese herrliche Landschaft schon bald die Aufmerksamkeit der deutschen Einwanderer auf sich lenkte. 1850 ließ sich hier Nikolaus Zink nieder, nachdem er sich mit Meusebachs Nachfolger überworfen hatte. Er baute das erste Blockhaus der Ansiedlung auf einem niedrigen Hügel und wird als Begründer von Sisterdale angesehen.

Schon bald folgte der zweite Bürger des Ortes, Ottmar von Behr, Sohn des ehemaligen Köthenschen Premiers von Behr. Er errichtete sein Blockhaus auf der Westseite des Guadalupe, direkt am Fluß, auf einer dicht bewaldeten Anhöhe, mit Ausblick auf das herrliche Landschaftspanorama.

Nikolaus Zink verkaufte seine Farm 1851 an einen weiteren Neuankömmling, Eduard Degener, der später als Repräsentant des vierten Kongreßdistrikts von Texas im Kongreß der Vereinigten Staaten bekannt wurde.

Degener war der Sohn reicher Eltern aus Braunschweig und hatte eine vorzügliche Erziehung in England erhalten. Seine hervorragenden Kenntnisse der englischen Sprache verhalfen ihm schon bald zu einer leitenden Stellung in der deutschen Kolonie. In Deutschland hatte er zur revolutionären Partei gehört und war Mitglied des deutschen Vorparlaments gewesen. Zu jener Zeit lebte er in Dessau als herzoglicher Domänenpächter. Später wurde er in den vereinigten Dessau-Köthenschen Landtag gewählt, und zwar als Republikaner. Seine politischen Ansichten wurden ihm jedoch bei Hofe übelgenommen, und nach Ablauf seiner Pachtzeit setzte man ihm den Stuhl vor die Tür. Kurz entschlossen wanderte er nach Amerika aus.

Seine Frau war eine Enkelin des englischen Generalmajors Karl Heinrich von Bernewitz, der während des amerikanischen Freiheitskrieges einen Teil der im Solde Englands stehenden braunschweigischen Truppen kommandierte und gegen die Amerikaner führte. Ihr Vater kämpfte als braunschweigischer General in Spanien unter Wellington. Es kam nicht selten vor, daß die Kindeskinder derer, die die Freiheit des amerikanischen Volkes zu unterdrücken trachteten, die Gastfreundschaft desselben Volkes in Anspruch nehmen mußten. Im Fall Degener haben die Nachkommen für die „Sünden" ihres Urgroßvaters zahlen müssen. Zwei Söhne, hoffnungsvolle junge Männer, fielen im Kampf für die Union.

Während des Bürgerkrieges zeigten die Bewohner von Sisterdale und des benachbarten Comfort offen ihre Sympathie für die Union, die Nordstaaten, und nicht für die Konföderierten. Als es unter konföderierten Truppeneinheiten und Bürgern zu Reibereien kam, entschlossen sich 65 Männer unter der Führung von Fritz Tegener, Texas zu verlassen und nach Mexiko zu gehen.

Die Gruppe wurde aber auf dem Westufer des Nueces River, etwa zwanzig Meilen von Fort Clark entfernt, von einer Kompanie berittener Soldaten der Konföderierten überrascht und angegriffen. Neunzehn Deutsche wurden getötet und neun verwundet. Die Verluste der Konföderierten betrugen zwei Tote und achtzehn Verwundete.

Die neun verwundeten Deutschen wurden einige Stunden nach dem Gefecht von den konföderierten Soldaten exekutiert.

„Treue zur Union" steht auf dem mehrere Meter hohen Granitstein eines Monuments, das man zum Gedenken an dieses Gemetzel auf dem Gelände des Gymnasiums von Comfort errichtet hat. In den Stein sind die Namen derer gemeißelt, die ihre Loyalität zur Union bewiesen haben und für sie in den Tod gegangen sind. Ihre Gebeine wurden in einem Gemeinschaftsgrab unter dem Denkmal bestattet.

Degener, der über viel Geld verfügte, wußte das Blockhaus Zinks durch An- und Ausbau in ein schönes, geräumiges Wohnhaus umzugestalten, das bald Mittelpunkt des gesellschaftlichen Lebens der Ansiedlung wurde. Nach ihm ließ sich Julius Dresel, Sohn eines Weinbauers und Weinhändlers aus Geisenheim am Rhein, in Sisterdale nieder. Er baute ein zweistöckiges Haus im Schweizer Stil dicht am Bach und wurde Farmer.

Professor Kapps abenteuerliche Reise

Der nächste Ansiedler war Professor Dr. Ernst Kapp aus Minden. Als Lehrer und Gymnasialprofessor hatte er sich in Hamm und Minden durch seine liberalen Ideen, aus denen er keinen Hehl machte, den Zorn seiner Vorgesetzten zugezogen. Als man ihn in den Ruhestand versetzte, entschloß er sich, mit seiner Familie nach Texas auszuwandern. Er wollte den dauernden Anfeindungen der Konsistorial- und Schulräte entgehen.

Dr. Theodor Hertzberg, Gymnasial-Oberlehrer in Minden, stand ebenfalls auf der „schwarzen Liste". Es war schon lange bekannt, daß er den „demokratisch-freiheitlichen Ideen" nahestand. Als er sich dann noch während einer Eisenbahnfahrt zu einer „Majestätsbeleidigung" gegen den König hinreißen ließ, wurde er fristlos aus dem Schuldienst entlassen. Er folgte Kapp einige Jahre später nach Texas, siedelte sich aber nicht in Sisterdale, sondern in San Antonio an.

Ernst Kapp war der Onkel des bekannten „Bürgers zweier Welten", Friedrich Kapp, seines Zeichens Rechtsanwalt, der als „Achtundvierziger" in die Neue Welt auswanderte und in seinem Buch „Aus und über Amerika", das 1876 in Berlin erschien, biographische und historische Einzelheiten über das Leben und die Schicksale vieler in Amerika heimisch gewordener Deutscher sammelte. Ernst Kapp brauchte aber nicht von dem Ruhm seines Neffen zu zehren. Durch sein vorzügliches Werk „Vergleichende Geographie" hatte er sich schon in der Gelehrtenwelt Europas einen Namen gemacht, ehe der Name Friedrich Kapps genannt wurde.

Mit seiner Frau Ida und seinen fünf Kindern im Alter von drei bis dreizehn Jahren ging Ernst Kapp, gerade 41 Jahre alt, Ende September 1849 in Bremen an Bord des Dampfers „Franziska", der am 2. Dezember in den Hafen von Galveston einlief.

Über die abenteuerliche Reise ins Innere von Texas ist noch ein Brief erhalten, den Ida Kapp am 13. Januar 1850 an Verwandte in Deutschland schrieb:

„Unsere Reise von Galveston nach Indianola war schrecklich. Wir mußten warten, da unsere Haushaltswaren, die wir von Deutschland mitgenommen hatten, auf ein anderes Schiff verladen worden waren. Es vergingen noch Tage, bis dieses Schiff im Hafen eintraf.

Am Nachmittag des 13. Dezember fuhren wir gegen 5 Uhr endlich von Galveston ab. Das Dampfschiff bot alles, was man sich an Bequemlichkeit nur denken kann. Nachts lagen wir der Ebbe wegen einige Stunden fest, sonst hätten wir um 6 Uhr morgens in Indian Point oder, wie es jetzt heißt, Indianola sein können. So wurde es 12 Uhr. Der Dampfer mußte wegen des seichten Wassers eine Meile vor Indianola liegen bleiben, und wir wurden auf ein Flachboot verladen, das vor einer langen, ins Meer hinaus gebauten Werft anlegte. Unsere Männer mußten das Gepäck schleppen, dann setzten wir uns ans Ufer, um es zu bewachen. Ernst ging in die Stadt, um sich nach einem Quartier umzusehen. Er hatte einen Empfehlungsbrief von einem Herrn Eckard, einem gebürtigen Deutschen, der ein leeres Haus besaß, das Ernst für zwei Dollar die Woche mietete.

Wenn Ihr aber wüßtet, was man hier unter einem Haus versteht! Unten war ein großer Raum, wo alles mögliche Gerümpel herumstand und Dreck haufenweise, und außen von drei Seiten eine Galerie, oben eine kleinere Stube und ähnliche Galerien.

Die Stube hatte zwei Türen und drei Fenster. Von der verschließbaren Tür war der Schlüssel verlorengegangen, die andere hatte von innen einen Knebel, von außen gar kein Befestigungsmittel. Wenn wir ausgingen, war alles offen, und der Wind wehte die Tür auf. Wir legten die drei kleinsten Kinder auf das Bett. Uns ekelte der Dreck an, so daß wir auf dem Fußboden schliefen. Die erste Nacht hatten wir kein Bettzeug, weil das Flachboot nicht alles Gepäck hatte bringen können. Die folgenden Nächte hatten wir unsere Decken und Schiffsmatratzen. Wir hätten gern unseren Haushalt selbst geführt, aber es fehlte uns alles Geschirr.

So verbrachten wir acht Tage in Indianola und harrten des Schoners, der unsere Habe barg. Endlich, am Freitagmorgen, kam das ersehnte Schiff an. Drei Tage hatte es in Galveston auf günstigen Wind warten müssen und war dann vier Tage und Nächte unterwegs gewesen.

Als wir im Besitz unseres Gepäcks waren, wurde an die Weiterreise gedacht. Wir hatten einen Wagen mitgebracht, ein Kasten mußte aber noch draufgemacht werden.

Dies dauerte noch bis zum 24. Dezember. Uns war ganz und gar nicht nach Heiligabend oder Weihnachten zumute!

Ernst kaufte vier Maulesel, die uns weiterbefördern sollten. Dem kleinen Fuhrmann, den wir anheuerten, einem vierzehnjährigen, dreisten Mexikanerjungen, war es aber nicht recht, daß er nicht seinen eigenen Wagen mitnehmen konnte. Es ist hier Sitte, daß man ein gesamtes Muli-Fuhrwerk anheuert. Wir erklärten dem Jungen, daß wir mehr Gepäck als sonst üblich mitnähmen und unser Wagen den Transport besser überstehen würde. Er schien damit zufrieden, war es aber keineswegs.

Der Bengel fuhr mit einem Gefluche und Wettern ab, daß mir angst und bange wurde. Und richtig! Als wir etwa zwei Meilen von der Stadt entfernt waren, saßen wir in einem schrecklichen Schlammloch fest, und die eigensinnigen Maultiere waren weder vor- noch rückwärts zu bringen. Was war zu tun? Nachdem der kleine Mexikaner seine ganze Skala an spanischen und englischen Schimpfworten durchgeflucht hatte, mußten wir in dem Schlammloch aussteigen und zu Fuß nach Indianola zurück.

Am ersten Weihnachtsfeiertag brachen wir mit einem mit sechs Maultieren bespannten Wagen abermals auf. Wir hatten uns vorgenommen, wenn das Wetter es erlaubte, immer unter Gottes freiem Himmel zu kampieren. Man kann zwar in jedes Farmhaus für die Nacht einkehren, das kommt aber sehr teuer. Alles kostet zwei Bits (ein Bit ist der achte Teil eines Dollars, und ein Dollar ist ein Thaler und dreizehn Silbergroschen). Das Abendessen, Nachtlager und Frühstück also sechs Bits die Person, und dann gibt's Maisbrot, sehr schlecht gebratenen Speck und guten Kaffee mit schrecklichem Sandzucker und meistenteils ohne Milch.

Am ersten Abend kamen wir bis zum Chocolate Creek. Bis hierher war alles Land, das wir gesehen hatten, baumlose Prärie. Nur einzelne Yuccas, eine kleine Palmenart, sah man hin und wieder. Vor der Gründung von Indianola vor vier Jahren war die ganze Ebene mit Yuccas bedeckt. Ganze Rudel Hirsche sahen wir in der Indianola-Prärie.

Am zweiten Tag machten wir an einer hübschen Stelle zu Mittag halt. Das Land fing schon an gewellt zu werden. Eigentümlich ist, wie abgeschnitten in der Prärie die einzelnen Baumgruppen sind, man sollte glauben, wo einmal in der Wildnis Bäume stehen, müßten sie auch weiter wuchern. Die kleinen Hügel sind gewöhnlich mit sechs bis acht Bäumen besetzt, so daß es aussah wie von Menschenhand gepflanzt.

An diesem Tag kamen wir bis drei Meilen vor Victoria. Hier trafen wir die Ochsenwagen mit unseren Kisten an. Die erste

Nacht hatte ich auf dem Wagen geschlafen, wegen des ewigen Geplauders der Maultiertreiber aber fast kein Auge zutun können. Die zweite Nacht legte ich mich mit meiner Decke unter den Wagen, wo ich besser schlief. Den anderen Morgen erreichten wir gegen elf Uhr Victoria."

Nach mehrwöchiger Fahrt mit dem Gespann erreichte die Familie Kapp New Braunfels, wo sie zuerst ein Haus bezog. Doch schon bald zog es sie zum Sister Creek, wo Ernst Kapp für 800 Thaler eine 50 Acre große Farm erstand. Auf einem Hügel an der linken „Sister", zwischen dem Besitz Degeners und Dresels, errichtete er ein Wohnhaus, und innerhalb der gemütlichen, mit Büchern bedeckten Wände pflegte der Professor seinem Besuch von dem selbst gezogenen Wein, dem reinen Traubensaft, wie er sagte, und von den selbstgedrehten Zigarren und dem Tabak, auf seinem Acker gewachsen, vorzusetzen und über die Vorzüge des Landlebens zu philosophieren.

Inzwischen waren noch weitere Siedler nach Sisterdale gekommen, Dr. Wilhelm Runge aus Mecklenburg, der ehemalige preußische Offizier von Donop, der Forstmann Jakob Küchler aus dem Odenwald, der später zum Generalbeauftragten für den Staat Texas ernannt wurde, Baron von Westphal sowie ein Bergmann aus dem Ruhrgebiet namens Bruckner, mit dem Westphal eine gemeinschaftliche Farm am Rande eines Felsenhanges errichtete. Schließlich siedelte sich noch ein deutscher Forstmann namens Beseler an. Das waren im Jahre 1853 die Bewohner von Sisterdale.

Deutsches Salonleben in der Prärie

Wenn jemals eine Ansiedlung die Bezeichnung „Lateinische Kolonie" verdient hat, dann war es Sisterdale. Hier herrschte nicht nur eine gewisse aristokratische Höflichkeit im gesellschaftlichen Umgang, es wurde auch neben der harten Arbeit des Tages die Pflege der Wissenschaften nicht vernachlässigt.

Fast jede Farm hatte eine gute Bibliothek; die Neuerscheinungen der Literatur waren zur Hand, und so wurde der Sonntag zu einem Teil freien Vorträgen gewidmet. Das Schulhaus diente dann als Versammlungsraum. Dabei ereignete es sich einmal, als Ernst Kapp gerade die Systeme der Sozialisten Simon und Fourier besprach, daß ein paar Dutzend Comanchen vor dem Schulhaus von ihren Mustangs absaßen, vor der offenen Tür stehen blieben und den Redner, Kapp, verblüfft ansahen, als sich dieser nicht aus dem Konzept bringen ließ.

Kapp hatte den Versammlungsteilnehmern nur zugerufen: „Meine Herren, lassen sie sich von den Indianern nicht aus der Ruhe bringen, beachten Sie sie gar nicht! Dann werden sie bald wieder verschwinden."

Er sollte recht behalten. Als die Comanchen sahen, daß die Weißen sie nicht einmal eines Blickes würdigten, zogen sie nach wenigen Minuten wieder davon.

Besonderer Wert wurde auf den gesellschaftlichen Verkehr in der Ansiedlung gelegt. Meist drehte sich die Unterhaltung um wissenschaftliche und politische Themen, und es verstand sich von selbst, daß die Kolonisten, obgleich sie einen Sklavenstaat zu ihrer neuen Heimat gemacht hatten, doch ausgeprägte „Abolitionisten", Gegner der Sklaverei waren.

Sie machten aus diesem politischen Glaubensbekenntnis keinen Hehl und setzten 1853 sogar eine offene Agitation gegen die Sklaverei in Bewegung. Zunächst vereinigten sich die Bewohner Sisterdales zu einem „Freien Verein", dessen Präsidentschaft Professor Dr. Kapp übernahm. Im nächsten Jahre berief dieser Verein eine Zusammenkunft der Deutschen von Texas nach San Antonio. Dieser Konvent trat auch wirklich im Mai 1854 zusammen und wurde von Abgeordneten fast aller deutscher Ansiedlungen besucht. Unter anderem wurde beschlossen: „Die Sklaverei ist ein Übel und muß abgeschafft werden!"

Natürlich erwarb sich Sisterdale durch die kühne und aggressive Politik inmitten eines Sklavenstaates bittere Feinde unter den Amerikanern und mußte in der Folge schwer dafür büßen.

Damals aber wähnte man sich, umgeben von ausgedehnten deutschen Niederlassungen, vollkommen sicher und glaubte, nach und nach Boden für die abolitionistische Propaganda gewinnen zu können.

Eines hatte Sisterdale dadurch gewonnen: es wurde in weiten Kreisen bekannt und zog manche Besucher an, die das schöne Tal vorher kaum dem Namen nach gekannt hatten. Einer von ihnen war der Schöpfer des New Yorker Central Parks, Frederick Law Olmstead. Er hatte mit seinem kranken Bruder sein Zelt am Ufer des Sister Creek aufgeschlagen und lebte dort monatelang nach Art der Hinterwäldler.

Die ausschließlich aus gebildeten Leuten bestehende Gesellschaft, die er in der Ansiedlung vorfand, der freie Ton und die Vielseitigkeit der Konversation zogen Olmstead mächtig an, wie er selbst zugestand. In seinem später publizierten Werk „Die Sklavenstaaten der Goldküste" gibt er eine lebendige Schilderung seines Aufenthaltes und seiner Erlebnisse in Sisterdale, freilich nicht im Interesse der Niederlassung, denn der Haß der Sklavenhalter gegen das „deutsche Abolitionisten-Nest" wurde dadurch noch mehr geschürt.

Ein anderer erwähnenswerter Besucher der lateinischen Kolonie war Prinz Paul von Württemberg. Er hatte fast die ganze Welt bereist, um die Wissenschaft mit seinen Entdeckungen und Forschungsergebnissen zu bereichern, und wollte nun auch sehen, was Texas seinem Wissensdrang bot. In der aristokratischen Gesellschaft von Sisterdale fühlte sich Prinz Paul, der joviale, alte Herr, wie zu Hause, und oft genug gab er seinem Erstaunen Ausdruck, an der Grenze der Zivilisation, mitten im Indianerland, ein deutsches Salonleben vorzufinden.

Olmstead schreibt darüber: „Prinz Paul hatte es damals besonders gut getroffen. Mit ihm hatten sich gleichzeitig der ehemalige Generalbevollmächtigte des Vereins, Baron von Meusebach mit Frau und Tochter, sowie ein Herr von Roggenbach, ehemaliger Adjutant des Großherzogs von Baden mit Frau, und ein Herr von Stockhausen aus Schlesien eingefunden.

Allabendlich gab es im Salon des Herrn Degener eine so gewählte Gesellschaft, wie man sie nur in besten Kreisen der zivilisierten Welt finden kann. Es wurde da mit ‚Königliche Hoheit' und ‚Gnädige Frau' als Anredeformeln um sich geworfen, daß es den anwesenden eingefleischten Republikanern zu grauen anfing. Und als die hohe Gesellschaft sich verzogen hatte, waren jene Abende noch oft Gegenstand heiterer Unterhaltung und eine unerschöpfliche Quelle von Anekdoten aller Art."

Das Leben und Treiben in Sisterdale und die liberale Einstellung seiner Bürger sollten ihren Einfluß auf die ganze Umgebung ausüben. Die abolitionistische Gesinnung fand unter der deutschen Bevölkerung bald Boden, und es knüpfte sich mit den umliegenden Ortschaften ein Band, das sich auch in späteren Jahren bewährte.

Sturm auf das Zeitungsgebäude

Es war 1854, als Adolph Douai in San Antonio seine deutsche Zeitung gründete und in ihr, sogar in englischen Artikeln, offen für die Abschaffung der Sklaverei eintrat. Es war vor allem Sisterdale, das ihn zu seinem kühnen Auftreten veranlaßte. Auch Professor Ernst Kapp griff in mehreren Artikeln die Sklavenhalter in Texas an und machte sich viele Feinde.

Das Schicksal der Zeitung war mit dem Antasten des Sklaveninstituts besiegelt. Ganz Texas wurde auf das Treiben der Deutschen aufmerksam, und es kam zu offenen Feindseligkeiten gegen die deutsche Presse. Die Deutschen von San Antonio zögerten aber auch nicht, sich bewaffnet im Zeitungsgebäude einzufinden, als sich eines Nachmittags etwa zweihundert Texaner aufgemacht hatten, um das Gebäude zu stürmen und die Presse zu zerstören.

Die bewaffneten Texaner hatten das Pressehaus umstellt. Der Anführer des Mobs, der breitschultrige, bärtige Bill, ergriff das Wort:

„Wir verlangen, daß die hetzerische deutsche Zeitung eingestellt wird!" rief er und hob drohend sein Gewehr gegen die Fenster, hinter denen sich die bewaffneten Deutschen verschanzt hatten. „Ihr verdammten Germans dürft nicht glauben, daß ihr in Texas eure aufwieglerische Tätigkeit fortsetzen könnt. Aus eurer Heimat hat man euch als Revoluzzer verjagt. Anstatt dankbar zu sein, daß wir Texaner euch aufgenommen haben, glaubt ihr, hier eurer Hetze freien Lauf lassen zu können!" fuhr der bärtige Bill fort. „Wir verlangen, daß das Käseblatt ab morgen sein Erscheinen einstellt, oder ihr werdet uns kennenlernen. Wenn ihr in fünf Minuten unseren Forderungen nicht nachkommt, werden wir den Laden zusammenschießen. Das ist so sicher wie das Amen in der Kirche!"

Als die Deutschen sahen, daß die Texaner es ernst meinten und keine Minute zögern würden, das Feuer zu eröffnen, falls sie nicht einwilligten, gaben sie auf. Sie wollten unnötiges Blutvergießen vermeiden und das Zeitungsgebäude mit seiner wertvollen Einrichtung vor einer Zerstörung bewahren.

Eines wurde allerdings aus diesen Vorgängen deutlich: die „San Antonio Zeitung" konnte in der bisherigen Weise nicht fortgeführt werden. Douai sah sich genötigt, zu verkaufen und das Land zu verlassen. Das Blatt wurde daraufhin in eine „Texas Staatszeitung" umgewandelt und ohne bestimmte politische Färbung bis zum Ausbruch des Sezessionskrieges fortgeführt. Noch einmal flackerte sie unter der Leitung ihres neuen Chefredakteurs Dr. Hertzberg auf, um dann als „Unionszeitung" eines „ehrenvollen Todes zu sterben". So stand es wörtlich in der letzten Ausgabe.

Professor Ernst Kapp kehrte 1865 mit seiner Frau und seiner jüngsten Tochter zu einem Verwandtenbesuch nach Deutschland zurück. Er beabsichtigte, nur wenige Wochen in der alten Heimat zu bleiben. Wegen seiner angegriffenen Gesundheit legten ihm die deutschen Ärzte nahe, die Strapazen einer Rückreise nach Texas nicht mehr auf sich zu nehmen. Ernst Kapp folgte dem Rat der Ärzte und verbrachte den Rest seines Lebens in

Deutschland. Er schrieb noch einige geographische Werke, von denen das letzte 1877 herauskam, und starb 1896 in Düsseldorf.

In Sisterdale aber hinterließ er eine Einrichtung, die ihn unvergeßlich machte: er hatte das erste Badehaus für Kneippsche Wasserkuren in Texas gebaut, das noch heute steht und unter Denkmalsschutz gestellt ist. Mehr als fünfzig Nachkommen des Mindener Professors leben heute im Raum Comfort und San Antonio.

Ein Tiger als Banditenschreck

Dr. Theodor Hertzberg ließ sich 1853 in San Antonio nieder. Schon bald machte er sich als Republikaner einen Namen und wurde 1889 General Harrison zum Konsul vorgeschlagen. Hertzberg heiratete die Deutsche Emilie Grothaus und hatte mit ihr drei Kinder.

Im Februar 1891 erregte er in San Antonio großes Aufsehen, als mit der Wells-Fargo-Postkutsche eine große Transportkiste mit einem 17 Monate alten Tiger eintraf. Hertzberg hatte den Tiger in Nicarágua bestellt. Er war für ein bekanntes Zirkusunternehmen bestimmt. Durch Hertzbergs Vermittlung war es gelungen, das Raubtier zu erwerben und nach San Antonio zu bringen. Das war zur damaligen Zeit kein leichtes Unterfangen.

Durch den wochenlangen Transport auf See und dann mit dem Wells-Fargo-Expreß-Frachtplanwagen und der Postkutsche durch die Prärie war der Tiger so gereizt, daß er in San Antonio die Transportkiste nicht verlassen wollte und durch sein Gebrüll die Stadt in Schrecken und Aufregung versetzte. Alle atmeten auf, als die Raubkatze endlich in den Käfigwagen des Zirkus verladen worden war.

Nur der Postkutscher Tim Baker und sein Begleitposten Fred Stunt fanden lobende Worte für den Tiger. „Wenn wir den Burschen nicht bei uns gehabt hätten", meinte Baker grinsend, „wäre es uns am Guadalupe dreckig ergangen, als wir von drei

Banditen überfallen wurden. Sie hatten es auf die Lohngelder abgesehen, die für Fort Houston bestimmt waren."

Zwei Tage zuvor war die Transportkiste mit dem Tiger von dem Expreß-Frachtwagen auf die Postkutsche verladen und mit starken Tauen auf dem Dach befestigt worden. Reisende fuhren nicht mit dieser Kutsche.

Noch eine Tagesreise von San Antonio entfernt — das Sechsergespann holperte gerade hinter der Flußkrümmung einen steinigen Pfad ins hügelige Gelände empor — tauchten plötzlich hinter einem Felsen drei maskierte Reiter auf, die der Kutsche den Weg versperrten und ihre Gewehre auf Baker und Stunt richteten.

Baker riß die Zügel und brachte die Kutsche zum Stehen.

„Hände hoch!" befahl der vordere der Reiter und richtete den Gewehrlauf drohend auf Stunt. „Wirf deinen Colt und dein Gewehr auf den Boden — aber etwas plötzlich! Und nun das Geld heraus; wir wissen, daß ihr rund zehntausend Dollar bei euch habt, und . . ."

Der Bandit brach plötzlich ab, als aus der Transportkiste lautes Fauchen und Brüllen drang. Durch das jähe Anhalten der Kutsche war das Raubtier in der Kiste hin und her geschleudert worden und machte nun seiner Wut Luft.

Die drei Banditen sperrten Mund und Nase auf. Das drohende Gebrüll des Tigers verblüffte sie so sehr, daß sie für Sekunden ihre Gewehre sinken ließen.

Baker erfaßte blitzschnell die Situation und griff mit der linken Hand an die Fallklappe der Transportkiste. „Wenn ihr euch nicht auf der Stelle davonmacht", rief er den Banditen zu, „werde ich die Klappe öffnen und den Tiger auf euch hetzen. Er wird in wenigen Minuten Hackfleisch aus euch machen, so wahr ich Tim Baker heiße!"

Die Banditen dachten nicht mehr daran, die Postkutsche auszurauben. Die Raubkatze hatte sie so sehr aus der Fassung gebracht, daß sie im nächsten Augenblick ihren Pferden die Sporen gaben und davongaloppierten, um möglichst schnell aus der Reichweite des Tigers zu kommen.

Baker und Stunt lachten noch lange hinter den drei verhinderten Geldräubern her.

Klein-Elsaß am Medina River

Die Gründung von Castroville

Sein Name war Henri Castro, er war portugiesischer Jude und siedelte 1843 und 1844 sechshundert elsässische und deutsche Familien am Medina River an, etwa 35 Kilometer westlich von San Antonio. Mit seinem Projekt wollte er, wie Prinz Solms und Hans Meusebach, bei der Besiedlung der Weiten von Texas helfen. Am 3. September 1844, nach zweijähriger Vorbereitung, gründete er das Städtchen Castroville.

Von 1843 bis 1847 brachten 27 Schiffe aus französischen, belgischen und deutschen Häfen 2134 Castro-Kolonisten aus dem alten Europa in das junge Texas. Die Emigranten, die ihre Heimat vor rund 130 Jahren verließen und sich in der Neuen Welt ansiedelten, erhofften sich dort ein besseres Leben. Sie brachten ihre Bräuche, ihre Lebensgewohnheiten und sogar ihren Baustil mit in die neue Heimat. Davon zeugen noch heute die unter Denkmalsschutz stehenden alten Fachwerkhäuser mit den schwarz geteerten Balken, den schindelgedeckten Giebeldächern und hölzernen Fensterläden.

Bereits am 11. September 1844, eine Woche nach der Stadtgründung, wurde der Grundstein für die Kirche gelegt, die man dem Heiligen Ludwig widmete und die am 25. August 1870 durch einen Neubau ersetzt wurde. Noch heute wird jedes Jahr am 25. August oder dem Sonntag, der diesem Datum am nächsten liegt, der „St.-Louis-Tag" begangen, ein großes Volksfest, zu dem sich etwa 12 000 Elsässer und Deutsche aus ganz

Texas einfinden. Sie kommen mit Kind und Kegel nach Castroville, um mit der Bevölkerung, die seit hundert Jahren die Zahl von 1 800 Seelen nie überstiegen hat, zu feiern.

Nach berühmten elsässischen Rezepten werden vom frühen Morgen an über 10 000 Pfund Rindfleisch und deutsche Wurst gebraten und stündlich 2 000 Mahlzeiten serviert. Dazu fließt Bier in großen Mengen. An diesem Tag werden auch die alten elsässischen Heimattrachten aus den Holztruhen geholt, und Volkstänze und Cowboymusik halten die Besucher bis in die späte Nacht munter.

In dem Städtchen Castroville selbst ist am St.-Louis-Tag kein Durchkommen, mehrere tausend Autos parken auf den Straßen, Plätzen und Wiesen, und Sheriff und Hilfssheriffs haben alle Hände voll zu tun.

Vor hundert oder vor siebzig Jahren war das noch anders, damals kamen die meisten Besucher hoch zu Roß zum Fest. Überall mußten bewaffnete Wachen aufgestellt werden, denn für die Comanchen war der St.-Louis-Tag eine willkommene Gelegenheit, die Pferde der Weißen zu stehlen. Bei Anbruch der Dämmerung kamen sie über den Medina River und schlichen bis auf wenige Meter an den Festplatz heran, um die Stricke der angekoppelten Pferde loszuschneiden und mit den Tieren auf Nimmerwiedersehen zu verschwinden.

Bereits 1842, als Henri Castro noch auf Landsuche war, ernannte Präsident Houston ihn zum texanischen Konsul für Frankreich. In Castroville war er sogar als „Comte Henri de Castro de Bexar“ bekannt. Er war aber kein Graf, sondern ein aus Paris kommender Geschäftsmann. Präsident Houston wies ihm einen Land-Grant über drei Millionen Acre zu. Nur wenige der Auswanderer hatten Geld. Trotzdem mußte jeder fünfzig Franc bezahlen, die ihm später, nach der Urbarmachung des ihm zugeteilten Landes, zurückerstattet wurden.

Einige Kolonisten blieben auf ihrem Weg nach Westen gleich in San Antonio, weil es sich in der Stadt verhältnismäßig leicht leben ließ. Die meisten zogen jedoch nach Castroville weiter.

Die Siedler erhielten die ihnen zugewiesenen Grundstücke, einen Bauplatz im Städtchen und vierzig Morgen Land außerhalb des Ortes für jede Familie.

Für den Landagenten Castro war die Ansiedlung trotzdem ein schlechtes Geschäft. Er hatte das Land, genau wie der Adelsverein, unbesehen erworben und mußte nun erst einen weiteren Land-Grant, der bis an den Medina River reichte, hinzukaufen, um das für die Einwanderer dringend benötigte Wasser zu beschaffen.

Auf Ochsenkarren landeinwärts

Hier soll über den ersten Treck der Castro-Kolonisten berichtet werden, die ungeheure Entbehrungen und Strapazen auf sich nehmen mußten, ehe sie ihr Ziel, den Medina River, erreichten. Die Emigranten waren am 2. November 1842 in Le Havre an Bord der „Ebro" gegangen.

Auf dem Meer tobten eisige Winterstürme, das kleine Auswandererschiff wurde tagelang von heftigen Böen hin und her geworfen, ganz zu schweigen von den menschenunwürdigen Verhältnissen, die an Bord des Schiffes herrschten. Frauen, Männer und Kinder waren wie die Tiere zusammengepfercht und mußten 66 Tage ausharren, ehe Galveston in Sicht kam.

Den Auswanderern war in ihrer Heimat verschwiegen worden, daß sie von Galveston aus noch rund 200 Meilen mit dem Ochsenkarren ins Innere des Landes zurücklegen mußten, ehe sie auf die erste Ansiedlung stießen. Als sie dies bei ihrer Ankunft erfuhren, traf sie die Nachricht niederschmetternd. Einige entschlossen sich, in Galveston zu bleiben, sechs Familien reisten nach Houston weiter, um sich dort anzusiedeln. Der Rest war noch unschlüssig und wartete eine Woche in Galveston, um sich zu entscheiden. Am Morgen des 19. Januar waren dann aber die meisten der „Ebro"-Passagiere dafür, sich mit einem Kutter nach Port Lavaca bringen zu lassen.

Ein paar Tage später verluden sie ihre Habe auf zweirädrige Ochsengespanne und brachen nach Westen auf, dem alten „Spanish Trail" nach San Antonio folgend. Natürlich ging auch diese Reise ins Ungewisse. Schon vor der Abfahrt hatte man die Kolonisten vor räuberischen Banden der Kiowas und Comanchen gewarnt, die die Gegend unsicher machten. Dazu kam das Wetter. Es war bereits Februar. Ein eisiger Nordwind fegte über die Prärie, und schwere Regenfälle gingen auf das Land nieder, die den Treck nur langsam vorwärtskommen ließen.

Schließlich traten Colorado und Brazos über die Ufer. Zäune, Rinder und Pferde wurden von den Fluten davongetragen, ganze Farmgehöfte weggeschwemmt.

Eine Woche lang dauerte das Unwetter; die Einwanderer kamen täglich kaum mehr als zwei oder drei Meilen vorwärts. Als der Regen endlich aufhörte, begannen andere Schwierigkeiten.

Ärger mit den Indianern

In der ersten Nacht machte sich eine Bande Kiowas bis an das Lager der Kolonisten heran und trieb mehrere Pferde und Rinder davon. In den frühen Morgenstunden des darauffolgenden Tages waren es Comanchen, die das Lager überfielen und einen elfjährigen Jungen entführten.

Sofort nahmen einige Männer die Verfolgung der Roten auf, doch ohne Erfolg. Als sie zum Lager zurückritten, machten sie eine grausige Entdeckung: die Comanchen hatten den entführten Jungen getötet, skalpiert und seine Hände an einen Baum genagelt.

Obwohl die Weißen ab sofort verstärkte Wachen aufstellten und auch während des Tages immer auf der Hut waren, hörten die Belästigungen durch die Indianer nicht auf. Ganz plötzlich, ohne daß man vorher einen Roten gesehen hatte, schwirrte ein Pfeil durch die Luft und traf einen Einwanderer.

Zum Glück erlitt weiter niemand ernste Verletzungen. Als der Wagenzug San Antonio erreichte, gab man den Kolonisten Oberst Hays und zehn seiner Ranger als Geleitschutz mit. Ohne weitere Zwischenfälle erreichte der Treck drei Tage später sein Ziel.

Castro hatte den Wagenzug nicht begleitet, er war in Galveston geblieben. Dort hatte es Ärger mit Prinz Solms gegeben, der seine Agenten angewiesen hatte, die Siedler des Castro-Trecks abzuwerben. Als die Castro-Emigranten in Galveston an Land gingen, wurden sie schon von den Vereinsagenten empfangen, die ihnen durch große Megaphone entgegenschrien: „Geht nicht mit Castro, sondern kommt zu uns in die deutschen Kolonien. Der Adelsverein bietet euch mehr Vorteile und Sicherheit!"

Castro ließ sich aber nicht beirren, er richtete mehrere Auswanderer-Büros ein, die fortan die Betreuung seiner Emigranten bis zum Transport ins Innere des Landes übernahmen.

Sollte die Geschichte von Castroville einmal geschrieben werden, dann würden die ständigen Indianerangriffe auf das Städtchen ein umfangreiches Kapitel darin einnehmen. Von dem Friedensvertrag, den Meusebach mit den Comanchen geschlossen hatte, profitierte „Klein-Elsaß" nicht, es war zu weit von den in dem Vertrag gezogenen Grenzen entfernt.

Besonders in mondhellen Nächten waren die Indianer mit einer Pünktlichkeit zur Stelle, als griffen sie nach der Uhr an. Die Hunde im Ort witterten die Roten schon, ehe sie in Sichtweite waren, zogen die Schwänze ein und rannten davon, um sich in Sicherheit zu bringen. Die Comanchen hatten es freilich nur auf die Pferde der Siedler abgesehen. Das Zaumzeug der Tiere nahmen sie nicht mit, sie hängten es an den Kirchentüren auf, wo es die Bewohner am nächsten Morgen fanden.

Daß auch mancher brave Bürger damals den Pfeilen der Indianer zum Opfer fiel, darüber geben einige Grabkreuze auf dem Friedhof von Castroville Auskunft. „Hier ruht R. Groß, von Indianern getötet", heißt es auf einem Grabstein. Groß war in den Wald gegangen, um Holz zu holen. Er kehrte nicht zurück. Später fand man ihn erschossen und skalpiert.

„Henri Vonflei, gestorben durch zwei Indianerpfeile", steht auf einem anderen Stein. Der Getötete war abends noch in den Hof gegangen, um ein Werkzeug zu holen, das er vergessen hatte. Er wurde von den Comanchen niedergemacht, die er überraschte, als sie zwei Pferde stehlen wollten.

Die schmiedeeisernen Grabkreuze und verwitterten Grabsteine tragen viele deutsche Namen und Inschriften und nennen Städte und Ortschaften der alten Heimat. Die Grabsteine zeigen aber auch, wie hart das Leben den Einwanderern mitgespielt hat: viele starben im Alter von 25 Jahren oder noch jünger.

Auf dem Friedhof wurde 1871 auch Amelia Mathias Castro, die Frau des Gründers des „Elsaß von Texas", beigesetzt. Henri Castro ruht in mexikanischer Erde. Er starb am 3. November 1865 in Monterrey, am Fuße der Sierra Madre, während einer Reise durch Mexiko.

Schon 1850 war Castroville ein bedeutender Umschlagplatz für die von Maultieren gezogenen Fracht-Planwagen von Wells Fargo und Overland, die westwärts nach Mexiko und ostwärts nach San Antonio zogen. In Castroville legten sie für die Nacht eine Rast ein.

Auch die berühmte Butterfield Overland Stage Line hatte für ihre Postkutschen in Castroville eine Station auf ihrer Route nach El Paso eingerichtet. Das alte „Landmark Inn", Postkutschen-Hotel aus jenen Tagen, steht heute noch.

Nur die Eisenbahn machte einen Bogen um „Klein-Elsaß". 1880, als die Southern Pacific Railroad ihre Linien nach Westen ausdehnte, sollte auch Castroville eine Bahnstation erhalten. Die örtlichen Geschäftsleute weigerten sich aber, sich mit 100 000 Dollar an dieser neuen Verkehrsverbindung zu beteiligen, weil viele Castroviller Frachtwagen-Gespanne unterhielten und in der Eisenbahn ihren Konkurrenten sahen. Da schlug die Southern Pacific ihnen ein Schnippchen und legte ihre Gleise acht Kilometer an Castroville vorbei durch die Prärie.

New Braunfels im Jahre 1870

Vierzig Jahre danach — deutsche Siedler vor dem Fort Sophienburg in New Braunfels 1878

Quanah Parker, der letzte Häuptling der Comanchen

Die alte und die neue Zeit

Ranger, Postreiter und Sheriff

Kämpfe am Rio Grande

Eine der markantesten Gestalten unter den deutschen Siedlern in Texas war um die Mitte des vorigen Jahrhunderts Franz Kettner. Von ihm erzählt man sich noch heute Geschichten.

Franz Kettner wurde 1826 in der Nähe von Oberkirch im damaligen Großherzogtum Baden geboren. Seine Eltern waren vermögend und schickten ihn auf die besten Schulen, um ihn auf ein Universitätsstudium vorzubereiten. Es kam aber nicht dazu. Noch vor seinem Schulabschluß kam er in Kontakt mit liberalen Gruppen, die die Revolution auf ihre Fahnen geschrieben hatten, und wurde zu einem fanatischen Verfechter der freiheitlichen Idee.

Heftige Unruhen erschütterten damals Deutschland und große Teile Europas. Als die Revolution dann 1848 zusammenbrach und man die Umstürzler verfolgte, entschloß sich Kettner, nach Texas zu gehen. Er war eben 22 Jahre alt.

Franz Kettner zählte also wie Professor Kapp und Dr. Hertzberg zu den sogenannten „Achtundvierzigern", dem großen Strom der ersten politischen Flüchtlinge aus Deutschland, die ihre Heimat verließen, um der sogenannten Demagogenverfolgung zu entgehen.

Er siedelte zunächst unter den deutschen Kolonisten am Guadalupe im Comal County und versuchte sich einige Monate als Farmer. Die harte Arbeit in der großen Hitze — in Briefen an seine Eltern klagte er ständig über Temperaturen von 35 und 40 Grad Celsius im Schatten — behagte ihm aber nicht. Dazu kam, daß er als Revolutionär den Kampf und die Gefahr suchte und nicht als kleiner Farmer am Guadalupe versauern wollte.

So ließ Kettner nach einigen Monaten Farm Farm sein und meldete sich bei Captain John H. Connors Texas-Ranger-Kompanie. Connor war hocherfreut über jeden Zuwachs, den seine Kompanie erhielt, und stellte den unternehmungslustigen Deutschen sofort ein.

„Ich glaube, daß Ihr Tatendrang auf seine Rechnung kommen wird", meinte Connor mit verschmitztem Lächeln zu Kettner, als er ihm den Ranger-Stern anheftete, „bei uns gibt es genug zu tun. Neben den Grenzstreitigkeiten der Mexikaner halten uns die Comanchen ständig in Trab. Nach letzten Meldungen unserer Kundschafter ist es am Rio Grande wieder zu Zwischenfällen gekommen. Ich vermute, Kettner, daß Sie schon bald den ersten Pulverdampf schnuppern werden."

Damit sollte der alte Captain recht behalten. Am 14. Mai 1849 überfielen die Comanchen mehrere Ansiedlungen im Goliad County, auf der Westseite des San Antonio River, und trieben alle Pferde fort. Die Siedler verfolgten die Indianer, verloren aber ihre Fährte.

Zwei Wochen später, am 2. Juni, griffen die Comanchen die Mission von Refugio an und stahlen 26 Pferde. In der darauffolgenden Nacht erbeuteten sie 41 Pferde der Carlos Ranch, achtzehn Meilen von Goliad entfernt. Am 4. Juni überfielen sie zwei weitere Ranchs.

Auf ihren Raubzügen trafen sie in der Nähe von Goliad auf eine Farm, die von zwei Negern bewirtschaftet wurde. Die Comanchen rissen den Schwarzen die Kleider vom Leibe, daß diese splitternackt und laut schreiend davonliefen. Darauf stürmten die Indianer die Farm, schnitten im Schlafzimmer mit ihren Messern Kissen und Bettzeug auf, daß die Federn flogen, raubten in der Küche und in der Speisekammer alle Lebensmittelvorräte und stießen wilde Drohungen aus, daß sie jetzt nach Goliad weiterreiten würden, um den Amerikanern den Garaus zu machen.

Die sich häufenden Indianerüberfälle veranlaßten den Gouverneur, drei Ranger-Kompanien aufzustellen und an den Rio Grande zu beordern. Darunter war die Kompanie von John H. Connor, der Franz Kettner angehörte.

Als die Ranger am 15. September am Flußufer lagerten, überbrachte ein Späher die Nachricht, daß Indianer etwa 25 Meilen oberhalb des Städtchens Laredo den Rio Grande überquert und mehrere Ranchs überfallen und in Brand gesteckt hatten. Captain Connor und Captain Sutton setzten ihre Kompanien sofort in Marsch und erteilten Befehl, bei einem Zusammentreffen mit den Roten keine Gnade walten zu lassen.

„Die Comanchen haben in den letzten Tagen bei ihren Raubzügen über zwanzig brave Bürger getötet und ihre Frauen geschändet!" rief Connor seinen Männern zu. „Schießt, was eure Gewehre und Pistolen hergeben, und gebt den Rothäuten keinen Pardon!" Dann gab er mit hallender Stimme das Kommando zum Aufbruch: „Kompanie — marsch!"

Am 17. September entdeckten Kundschafter die Indianer in einer Talmulde. Etwa dreißig Meilen nordwestlich von Fort Ewell schwärmten die Ranger aus und kesselten die Comanchen in ihrem Camp ein. Die Indianer griffen sofort mit Gewehren, Pfeilen und mehreren sechsschüssigen Colts an, die sie getöteten Siedlern abgenommen hatten. Sie mußten aber der Übermacht der Ranger weichen, die sie über den Fluß zurückjagten und in der offenen Prärie im Nahkampf aufrieben. Neun Indianer wurden getötet, elf verwundet, einige konnten entkommen. 29 Pferde und Maultiere, Zaumzeug und Waffen, die die Comanchen in den letzten Tagen erbeutet hatten, fielen in die Hände der Ranger und konnten an die geschädigten Farmer zurückgegeben werden.

Postreiter von Castell

Nach dreieinhalbjähriger Dienstzeit bei den Texas-Rangern zog sich Franz Kettner ins Zivilleben zurück. Zusammen mit dem bereits 1845 nach Texas eingewanderten Baron Emil von Kriewitz eröffnete er 1853 in Castell einen gutgehenden General Store. Um Waren für ihr Geschäft einzukaufen, mußten sie zu dem 45 Kilometer entfernt liegenden Städtchen Fredericksburg reiten. Später schafften sie sich ein Ochsengespann an.

Ende 1853 wurde in einem Nebenraum des General Store eine Poststation für Castell eingerichtet und von Kriewitz zum Postmeister ernannt. Einmal in der Woche machte die Postkutsche auf ihrer Route nach San Antonio einen Abstecher nach Castell, um Post und Geldsendungen für die Bewohner des Ortes und die umliegenden Farmen abzuliefern.

Da man noch keinen Postreiter hatte, der die Sendungen zustellte, übernahm Kettner zunächst diese Aufgabe. „Später werde ich einen oder zwei Männer dafür einstellen", schrieb er in einem Brief nach Hause, „das Postgeschäft nimmt von Tag zu Tag zu und wirft einen ganz schönen Batzen ab."

Kettner war immer darauf aus, Geschäfte zu machen. Wenn es ums Geldverdienen ging, war ihm keine Arbeit zu schwer oder zu gefährlich. Ein Reiter hatte zwei oder auch drei Tage vollauf damit zu tun, die Postsendungen an die verstreut wohnenden Bürger von Castell zu verteilen. Einige Ranchs und Farmen lagen fünfzehn bis zwanzig Meilen auseinander, und die Gehöfte waren oft erst nach beschwerlichem Ritt durch die Wildnis zu erreichen.

An einem Nachmittag war Franz Kettner auf dem Weg zu der fünf Meilen entfernt liegenden Milton-Ranch, um tausend Dollar Lohngelder abzuliefern, die am Morgen mit der Postkutsche eingetroffen waren. Kettner hatte den versiegelten Geldbeutel mit den Banknoten in seiner Satteltasche. In der Posttasche, die am Sattelknopf befestigt war, befanden sich einige Briefe für die Ranch.

Als Kettner noch eine Meile von der Ranch entfernt war und gerade über einen bewaldeten Hügel ritt, brachen aus einem Gehölz zwei Reiter hervor. Sie hatten Halstücher vor ihre Gesichter gebunden und richteten ihre Pistolen drohend auf ihn. Kettner brachte sein Pferd sofort zum Stehen.

„Keine falsche Bewegung, sonst machen wir Hackepeter aus dir!" rief einer der Banditen mit Stentorstimme. „Rück die tausend Piepen raus, dann ist alles okay, und wir lassen dich laufen!"

Kettner überlegte. Woher wußten die beiden von dem Geldtransport?

Die Banditen wurden ungeduldig. „Wird's bald?" rief jetzt der zweite.

Die Maskierten sprangen aus ihren Sätteln, traten vor Kettners Pferd hin und richteten ihre Waffen aus nächster Nähe auf ihn.

Kettner war eine blitzartige Erleuchtung gekommen. Daß die beiden Banditen abgestiegen waren, sollte ihr Verderben werden:

Mit einem gellenden Schrei, wie ihn sonst nur Indianer ausstoßen, gab Kettner seinem Pferd die Sporen. Das Tier bäumte sich laut wiehernd auf und setzte in gewaltigem Sprung vorwärts, dabei die beiden Banditen zu Boden reißend.

Als er die nächste Baumgruppe erreichte, sprang Kettner aus dem Sattel und zog seinen Revolver.

Der eine Bandit war anscheinend von den Hufen des Pferdes schwer getroffen worden und lag leblos am Boden. Der andere verzog sich hinkend und fluchend, versteckte sich hinter einem Baumstamm und riß seinen Revolver in die Höhe. Vor Wut feuerte er die Waffe blindlings auf Kettners Versteck ab. Als das Magazin leergeschossen war, kam Kettners Chance. Mit vorgehaltener Waffe kam er hinter dem Baum hervor und forderte den Banditen, der seine Maske verloren hatte, auf, sich auf den Boden zu legen. Kettner fesselte ihn an Händen und Füßen.

Dann wandte er sich dem bewußtlosen Räuber zu. Wie er schon vermutet hatte, war dieser schwer verletzt. Trotzdem fesselte er auch ihn und ritt zunächst im Galopp zur Milton-Ranch, wo er Geld und Briefe ablieferte und den Überfall meldete.

Milton gab ihm sofort seinen Vormann und zwei Cowboys mit. Sie ritten zu der Stelle im Gehölz zurück, wo Kettner die beiden Banditen gefesselt zurückgelassen hatte. Als der Vormann die Gesichter der beiden sah, schob er verblüfft seinen zerbeulten Hut in den Nacken und rief:

„Verdammt, es sind zwei Cowboys von unserer Ranch. Die haben gewußt, daß die Lohngelder heute eintrafen, und sich auf die Lauer gelegt, bis Sie kamen!"

Während der verletzte Bandit erst zu einem Arzt gebracht wurde, sperrte der Sheriff seinen Komplicen ins Gefängnis und schickte einen entsprechenden Bericht an den City Marshal in San Antonio.

Die aufregende Nachricht vom Fang der beiden Geldräuber verbreitete sich wie ein Lauffeuer durch ganz Westtexas. Franz Kettner war über Nacht berühmt geworden. Sein Name war in aller Munde. Die Butterfield Overland Mail Company und Wells & Fargo Company boten ihm an, als Postkutscher oder Expreßreiter in ihre Dienste zu treten. Doch Kettner lehnte ab. Er hatte bereits ein neues Betätigungsfeld gefunden, das mehr einbrachte.

Überfall auf den Frachtzug

Die Firma A. G. Wolff in Fredericksburg beauftragte Franz Kettner mit regelmäßigen Getreide- und Lebensmitteltransporten nach Fort Mason. Da bei einem Transport mehrere hundert Dollar heraussprangen, zögerte er nicht lange, unterzeichnete den Vertrag und kaufte vier weitere Ochsengespanne. Es handelte sich um sogenannte „Santa Fé"- oder „Murphy-Wagen", weiträumige Überlandschoner mit flachem Wagenbett und auf allen Seiten geschlossenen Verdeckplanen. Allein das Wagenbett war sechs Meter lang und zwei Meter breit. Mit Rädern, die einen Durchmesser von 2,30 Meter hatten, konnte jedes der von zwanzig Ochsen gezogenen Monstren fünf Tonnen Fracht transportieren.

Am 3. Juni 1855 brach Kettner mit vier Frachtwagen, von denen drei mit Getreide und einer mit Lebensmittelvorräten beladen waren, nach Fort Mason auf. Auf jedem Wagen saßen zwei Kutscher, die sich ablösten. Kettner selbst hatte mit fünf Männern die Bewachung des Wagenzuges übernommen. Sie ritten neben den Gespannen her.

Die Sonne brannte unbarmherzig vom Himmel. Am Nachmittag war die Hitze so groß, daß die Luft flimmerte und sich

Kakteen und Mesquitesträucher in der Landschaft wie Lebewesen zu bewegen schienen. Die achtzig Ochsen, die die vier Frachtschoner neun Stunden ununterbrochen gezogen hatten, brüllten jetzt vor Durst. Dicker Schaum stand vor ihren Mäulern.

Mit Anbruch der Dunkelheit erreichte man einen Fluß. Das Bett war zwar fast ausgetrocknet, doch führte das Rinnsal noch soviel Wasser, daß sich die Ochsen und Pferde satt trinken konnten. Die Männer löschten ihren Durst an den mitgeführten Wasservorräten. Man beschloß, die Nacht an dieser Stelle zu verbringen, fuhr die Frachter zu einer Wagenburg zusammen und schlug in der Mitte das Lager auf.

Die erste Nacht verlief ruhig, doch am nächsten Tag, nach mehrstündiger Fahrt, tauchten in der Prärie plötzlich elf Kiowas auf, die auf den Wagenzug zuritten. Kettner gab das Zeichen zum Halten und befahl allen, ihre Waffen bereitzuhalten.

Die Gruppe der Indianer hielt etwa fünfzehn Meter von der Spitze des Zuges entfernt. Als Kettner den Indianern zurief, was sie wollten, löste sich der vordere der Kiowas — offenbar ihr Wortführer — von der Gruppe und hielt sein Pferd wenige Schritte vor Kettner an.

Der Kiowa hob die rechte Hand. „Wir sehen, daß weiße Männer haben vier Wagen mit Getreide und Lebensmittel beladen. Sie geben Kiowas Hälfte davon, dann können ungehindert weiterfahren!" sagte er in gebrochenem Englisch.

„Das geht nicht", antwortete Kettner, „wir haben für die Wagenladungen bezahlt und müssen sie in Fort Mason abliefern. Wir wollen euch gern zwei Säcke Getreide überlassen, mehr aber auf keinen Fall. Die Kiowas leiden jetzt keinen Hunger. Es ist Sommer, sie gehen auf Büffeljagd und finden überall die Früchte der Erde!"

Doch der Kiowa bestand darauf, die Weißen sollten ihnen die Hälfte der Wagenladungen überlassen, sonst würden sie nicht weiterreiten und es auf einen Kampf ankommen lassen.

Wütend schnitt Kettner dem Indianer das Wort ab: „Schert euch auf der Stelle zum Teufel, sonst werden unsere Büchsen sprechen. Wir sind unser vierzehn und werden es gut und gerne mit elf Roten aufnehmen!" Zum Zeichen, daß er es ernst meinte, schoß er sein Gewehr in die Luft ab. Seine fünf Begleiter zu Pferde und auch die Kutscher auf den Wagen hatten ihre Büchsen bereits im Anschlag.

Die Kiowas sahen ein, daß sie gegen die Weißen im Augenblick nichts ausrichten konnten, wendeten ihre Pferde und ritten davon.

„Die sind wir bestimmt noch nicht los", meinte Kettner zu seinen Leuten, als die Indianer hinter einem Hügel verschwunden waren. „Ab sofort müssen wir scharf aufpassen. Vielleicht werden sie uns heute nacht besuchen."

Er sollte recht behalten. Sie hatten sich an diesem Abend gerade in ihre Decken gehüllt, als die aufgestellten Wachen sie wieder weckten.

„Ich weiß nicht", meinte einer der Posten, „die Sache kommt mir nicht geheuer vor; die Eulenrufe, die wir seit einer Viertelstunde hören, sind nicht echt. Es sind bestimmt Rothäute, die sich verständigen."

Kettner ließ die Männer neben den Wagen Stellung beziehen. Mit ihren Büchsen im Anschlag warteten sie darauf, was nun kommen würde. Und sie sollten nicht allzu lange warten.

Noch keine zehn Minuten vergingen, dann brach das Inferno los. Mit teuflischem Kriegsgeschrei brachen etwa vierzig berittene Kiowas aus dem Dunkel der Nacht hervor. Sie ritten im Kreis um die Wagenburg und schossen brennende Pfeile auf die Plane der Frachter ab, von denen zum Glück die meisten ihr Ziel verfehlten.

Die Indianer hatten nicht damit gerechnet, daß just in diesem Augenblick der Mond hinter einer Wolkendecke hervorkam und die Szene gespenstisch beleuchtete. Sie glaubten auch nicht, daß die Weißen auf den Beinen waren und sie mit ihren Gewehren erwarteten, sondern wähnten sie noch in tiefem Schlaf.

Dieser Irrtum sollte sie teuer zu stehen kommen. Das Mondlicht ermöglichte den weißen Männern ein sicheres Zielen. Ehe die Kiowas dazu kamen, ihre Pfeile zum zweitenmal abzuschießen, eröffneten Kettner und seine Begleiter das Feuer auf sie. Die gezielten Schüsse hatten eine verheerende Wirkung. Neunundzwanzig Indianer stürzten tödlich getroffen von ihren Mustangs. Der Rest gab den Kampf auf und suchte sein Heil in wilder Flucht.

Ungehindert konnte der Frachtzug am nächsten Morgen seine Fahrt fortsetzen und traf einige Tage später wohlbehalten in Fort Mason ein.

Noch im selben Jahr erhielt Franz Kettner ein verlockendes Angebot, das einen weiteren Dollarsegen versprach. Der Gouverneur beauftragte ihn, einen Militärtransport von 400 sechsspännigen Maultierwagen von San Antonio zum sechshundert Meilen entfernten Fort Bliss in der Nähe von El Paso zu übernehmen. Kettner zögerte keine Minute und unterschrieb den Vertrag mit der Regierung.

Der Wagenzug, einer der größten in der Geschichte von Texas, wurde von sechs Kompanien Kavallerie begleitet. Trotz der scharfen Bewachung versuchten die Comanchen noch kurz vor dem Ziel, in der Sierra Diablo, die Wagen zu überfallen und auszurauben.

In einer Schlucht tauchten plötzlich zweihundert berittene Krieger auf und wollten den Wagenzug umzingeln. Ein Späher hatte aber schon eine halbe Stunde vorher die Indianer entdeckt und gemeldet. In aller Eile wurden die vierhundert Gespanne in einem Halbkreis zusammengetrieben. Mehrere Hundert bewaffnete Soldaten bereiteten den Roten einen Empfang, daß ihnen Hören und Sehen verging. In kurzer Zeit mußten 63 Comanchen ihr Leben lassen. Der Verlust traf sie so hart, daß der Häuptling den Kampf aufgab und mit dem Rest seiner Krieger in den Bergen verschwand.

Am 3. September 1857 heiratete Kettner die aus Deutschland zugewanderte Katherine Keller. Sieben Monate später, am 21. April 1858, wurde er in Fredericksburg zum Sheriff für das Gillespie County gewählt und vereidigt. Schon bald sollte er in neue Abenteuer verwickelt werden.

Es war im Sommer desselben Jahres, als sich der Rancher Christian Crenwelge mit seinem 16 Jahre alten Bruder William auf dem Ritt nach Cold Spring im Loyal Valley befand, um Vieh einzukaufen. In Cherry Spring stieß noch ihr Bruder Peter zu ihnen. In der Nähe von Loyal Valley trennte sich William von ihnen. Er schlug den Weg über einen kleinen Hügel ein, um noch auf den Feldern nach dem Rechten zu sehen.

Plötzlich scheute Christian Crenwelges Pferd und bäumte sich auf. Christian suchte nach dem Grund für das sonderbare Verhalten des Tieres und gewahrte etwa fünfzig Schritt entfernt fünf Männer, die alle auf einem Pferd ritten. Die ersten vier waren Indianer, Comanchen, der letzte aber ein Weißer mit einem buschigen Bart, der in einer Hand eine lange Muskete hielt. Dem Pferd folgten zwölf Indianer zu Fuß.

Als die fünf auf dem Pferd die beiden Crenwelges sahen, ließ sich der Weiße in Sekundenschnelle vom Pferderücken gleiten und brachte seine Muskete auf die Brüder in Anschlag. Die rissen sofort ihre Pferde herum und riefen nach ihrem jüngeren Bruder, der sich auf der anderen Seite des Hügels befinden mußte. Es gelang den drei Brüdern, den Indianern zu entkommen, obwohl diese ein ganzes Bündel Pfeile auf die Weißen abschossen. Zum Glück verfehlten sie ihr Ziel.

In Cherry Spring alarmierten die drei Crenwelges die Siedler. Gemeinsam nahmen sie die Verfolgung der Indianer und des weißen Bärtigen auf, aber ohne Erfolg.

Eine Stunde später stellte Sheriff Kettner einen Trupp von zwanzig Reitern zusammen und setzte sich auf die Spur der Rothäute. Aber auch er mußte die Verfolgung schließlich aufgeben, da die Indianer irgendwo im Comanchen-Territorium untergetaucht waren.

Eine Woche darauf gelang es Kettner, in Fredericksburg den bärtigen Begleiter der Indianer, einen Mann namens Stewart, festzunehmen und dem Richter zu überantworten. Stewart wurde bereits steckbrieflich gesucht. Vor fünf Monaten hatte er in Galveston eine Bank überfallen, sechstausend Dollar geraubt und den Kassierer erschossen. In Fredericksburg hatte er in den letzten beiden Monaten mehrere Pferde gestohlen.

Zwei Wochen später machte man Stewart den Prozeß. Er wurde zum Tode durch den Strang verurteilt und an einem Tag im September hingerichtet.

Die Ranch der Viehdiebe

Am 27. Juli 1859 quittierte Franz Kettner seinen Dienst in Fredericksburg, weil man ihn als Sheriff in das Mason County holen wollte. Er hatte seine Anteile am General Store an Emil von Kriewitz verkauft und am Südufer des Llano 160 Acre Land erstanden, wo er sich mit seiner Familie niederließ.

In dem Städtchen Mason wohnte zu jener Zeit auch das Ehepaar Karl und Ruth Nettelbeck. Eines Mittags, als Ruth Nettelbeck von der Feldarbeit heimkehrte, lauerten ihr am Hintereingang der kleinen Farm drei Halunken auf, die sie überfielen und mißhandelten.

Sheriff Kettner erfuhr davon zunächst nichts, doch als er abends im „Last Chance Saloon" mit dem Barkeeper plauderte, betrat plötzlich Nettelbeck den Schankraum, durchschritt ihn wortlos und verschwand durch eine hinter der Theke befindliche Tür.

Da es schon spät war, befand sich außer Kettner und dem Barkeeper niemand mehr im Saloon. Die Unterhaltung der beiden wurde jäh unterbrochen. Im Hinterzimmer war ein Schuß gefallen.

Im selben Augenblick flog auch schon die Tür auf, Nettelbeck erschien auf der Schwelle. Er sah totenbleich aus und preßte die linke Hand gegen seinen Leib. Kettner sah, daß zwischen den Fingern Blut hervorsickerte.

Zur Rede gestellt, stammelte der Verletzte: „Drei Schurken haben heute meine Frau mißhandelt. Ich kam dahinter, daß sie sich hier aufhielten – sie sind mir aber entkommen ..." Sein Gesicht verzerrte sich vor Schmerz. Krampfhaft umklammerte er den Türpfosten. Während sich der Barkeeper um ihn bemühte und einen Arzt rief, stürzte Kettner in den Nebenraum, sprang aus dem Fenster und rannte den drei Verbrechern nach.

Einen sah er dicht vor sich. Noch ehe er ihn vollends erreicht hatte, zog er seinen Revolver und schoß ihn in die Ferse, um

eine weitere Flucht zu verhindern. Den beiden anderen gelang es, im Dunkel der Nacht unterzutauchen.

Den Gefangenen nahm Kettner mit in den Saloon. Nettelbeck, der einen Bauchschuß davongetragen hatte, lag im Sterben. Schnell zog Kettner eine der Petroleum-Hängelampen hernieder, damit er in ihrem Schein das Gesicht des Verhafteten sehen konnte. Nettelbeck erkannte den Mann: „Er heißt Jim Boulder und wohnt in der Nähe von Mason!“

Auf Kettners Frage, warum er nicht gleich den Sheriff benachrichtigt habe, anstatt den eigenen Richter spielen zu wollen, sah Nettelbeck ihn nur vielsagend an und flüsterte leise: „Sie müssen mich verstehen — es handelte sich um meine Frau.“ Nettelbeck starb noch im Laufe der Nacht.

Als Franz Kettner den Saloon verließ, trat ein Mann auf ihn zu und erklärte, er habe in der Nähe an einer Baugrube hinter einem Haufen von Hobelspänen einen verdächtigen Kerl gesehen, der sich dort zu verstecken schien. Sofort eilte Kettner mit dem Mann zu der bezeichneten Stelle hin. Sie mußten jedoch fetsstellen, daß der Vogel ausgeflogen war.

Doch schon am nächsten Morgen sah Kettner einen Mann zur Stadt hinausreiten, dessen Stiefel über und über mit Lehm beschmiert waren und an denen noch Hobelspäne hafteten. Franz Kettner eilte zu seinem Pferd und schwang sich in den Sattel. Wenige Minuten später hatte er den Mann eingeholt. Er zwang ihn mit der Waffe, zum Sheriff-Büro zu reiten.

Mit dem gerichtlichen Verfahren, das gegen die beiden eingeleitet wurde, ging ziemlich viel Zeit verloren. Schließlich wurde das Urteil gesprochen: die beiden Verbrecher endeten am Galgen.

Durch den langwierigen Prozeß hatte Kettner die Verfolgung des Dritten immer wieder hinauszögern müssen. Als er endlich wieder Handlungsfreiheit besaß, landete er sozusagen mitten in dem Verbrechernest. Sheriff Kettner stellte fest, daß der flüchtige Bandit ein höchst gefährlicher Bursche war und zum Kreise eines gewissen Mr. Otterham gehörte.

Dick Otterham wohnte auf der „Broken Wheel Ranch", dem Gehöft zum „Gebrochenen Wagenrad". Der Besitz lag weitab, und als Otterham ihn seinerzeit übernahm, war er herrenlos gewesen.

Kettner hatte schon lange ein Auge auf Otterham, denn er nahm an, daß er zu solch zurückgezogenem Leben in einer ärmlichen Behausung bestimmte Gründe haben müsse. Vermutlich entsprach es ganz den Wünschen dieses Mannes, daß die Ranch nicht weit von der mexikanischen Grenze lag.

Schon bald erhielt Kettner weitere Beweise dafür, daß Otterham das Oberhaupt einer Bande von Viehräubern war, für die er obendrein die Rolle des Hehlers spielte. Für Kettner stand fest, daß er sich seine ganzen Herden zusammengeräubert hatte, doch verstand es der schlaue Bursche stets, sich nicht auf frischer Tat ertappen zu lassen.

Von der guten Organisation der Bande sollte Sheriff Kettner bald nachdrücklich überzeugt werden. Es sah ganz so aus, als sei Otterham gerade damit beschäftigt, etliche Stiere über die mexikanische Grenze herüberzutreiben, um sie auf der „Broken Wheel Ranch" zu schlachten und das Fleisch zu hohem Preis den Arbeitern der El Paso Railroad Company zu verkaufen, die nicht weit entfernt ihr Lager hatten und beim Bau der Bahnlinie tätig waren.

Leider hatte Kettner im Augenblick keinen Hilfssheriff zur Verfügung. Er wußte, daß der Verbrecher, dessen Spur er verfolgte, ihn im Verdacht hatte, alles zu wissen. Gelang es dem Banditen, vor Kettner Otterham zu erreichen und ihn zu warnen, würden die beiden natürlich gemeinschaftlich durchbrennen oder sich auf der Ranch verbarrikadieren. Das mußte zu einer verlustreichen Schießerei führen.

Kettner entschloß sich, der Entwicklung der Dinge zuvorzukommen. Vielleicht gelang es ihm, Otterham ohne viel Aufsehen festzunehmen. Die Auseinandersetzung mit der dann führerlosen Bande würde keine großen Schwierigkeiten bereiten.

Bei Sonnenuntergang brach Kettner mit seinem Rappen auf. Nach zweitägigem Ritt erblickte er gegen Mittag das gebrochene Wagenrad, dem die Ranch ihren Namen verdankte.

Kettner parierte sein Pferd durch und sah sich um. Weit und breit rührte sich nichts. Mit möglichst unbefangener Miene ritt er durch den Hof und klopfte mit dem Griff seines Revolvers an die Tür des Ranchhauses.

Keine Antwort. Sollten sich die Halunken doch schon aus dem Staube gemacht haben? Der Gedanke, die lange Wegstrecke umsonst zurückgelegt zu haben, paßte Kettner ganz und gar nicht.

Gerade war er im Begriff, um die Hausecke zu reiten, als ihn ein heftiger Stoß aus dem Sattel warf. Er hatte auf kurze Entfernung eine Ladung grober Schrote abbekommen.

Maßlose Wut stieg in Kettner auf, nicht nur, weil er rasende Schmerzen empfand, sondern auch seiner eigenen Dummheit wegen, die ihn wie einen Tölpel in den Hinterhalt laufen ließ. Zum Glück hatte er beim Sturz vom Pferd den Revolver in der Hand behalten. Da war ihm offenbar mal wieder das Unterbewußtsein zu Hilfe gekommen. Noch während er stöhnend am Boden lag, sah er durch die Beine seines Pferdes hindurch, daß sich etwas auf dem Hof bewegte.

Kettner wußte nicht, was es war, fühlte aber instinktiv, daß es sich um nichts Gutes handeln konnte. Er riß den Revolver hoch und feuerte.

Später stellte sich heraus, daß er mit diesem Schuß Otterham endgültig erledigt hatte. Der war offenbar davon überzeugt, daß er Kettner erschossen hatte, weil dieser ja zusammengebrochen war. Um sicherzugehen, wollte er gerade nochmals anlegen, als ihn Kettners Kugel niederriß.

Zwei weitere Verbrecher waren in einen Geräteschuppen geflüchtet und hatten die Tür hinter sich zugeworfen. Kettner ging auf die Hütte zu, auf die er ein Schnellfeuer eröffnete. Daß ihn die Folgen der Schrotladung bald kampfunfähig machen mußten, darüber war er sich klar; aber er wußte auch, daß

einer der in den Schuppen Geflüchteten der von ihm gesuchte Mörder war.

Mit einem kräftigen Tritt zertrümmerte Kettner die Brettertür und war mit einem Satz im Innern. Auf der Schwelle vor dem hellen Hintergrund des Himmels stehen zu bleiben wäre reiner Selbstmord gewesen.

Die in die Enge getriebenen Verbrecher schossen sofort. Eines der Geschosse streifte Kettners Haar, das andere verwundete ihn an der Hüfte.

Sekundenlang schwindelte ihm. Eine innere Stimme sagte ihm, daß er eigentlich Mitleid für die Kerle empfinden sollte, da ihr Schicksal so oder so besiegelt war. Gleichzeitig aber zwang ihn sein Selbsterhaltungstrieb zum Handeln.

Es war fast finster in dem Verschlag. Irgendwo erkannte Kettner ein paar Augen, sah, daß der dazugehörige Mensch auf ihn anlegte. Der zweite erkletterte eine Leiter und bekam eine Kugel, im selben Augenblick, als sein Komplice auf Kettner abdrückte.

Im Fallen fing der Kletterer die für Kettner bestimmte Ladung auf. Abermals zuckte eine Stichflamme aus der Mündung von Kettners Revolver, da brach auch der andere tödlich getroffen zusammen.

Mühsam und unter Schmerzen bestieg Kettner sein Pferd und machte sich auf den langen Rückweg. Der Rappe übernahm die Führung; offenbar begriff er, daß es schlecht um seinen Herrn stand, sonst hätte er nicht so behutsam aufgetreten.

Franz Kettner war froh, als er das Arbeiterlager der Eisenbahn erreichte. Dort fand er sorgliche Pflege. Schließlich wurde er nach San Antonio übergeführt, wo man ihm nicht weniger als neunzehn Stückchen Blei aus dem Fleisch klaubte.

Dieser Vorfall mag in Kettner das Verlangen nach einer etwas gefahrloseren Lebensweise bestärkt haben. Mit Ablauf der Amtsperiode zog er sich auf seine Farm zurück.

Schüsse um 12 Uhr mittags

Doch noch einmal, an einem Tag des Jahres 1871, sollte der alte Pionier und Texas-Ranger Franz Kettner mit einer Bande Kiowas in Berührung kommen.

Die Indianer scheuten nicht das helle Tageslicht. Um zwölf Uhr mittags erschienen vierzehn bewaffnete Krieger unweit des Farmgebäudes und wollten Kettners sechzehn Pferde von der Koppel stehlen. Kettner, der gerade auf dem Feld arbeitete, war etwa hundertfünfzig Meter von der Koppel entfernt. Er griff sofort nach seinem Spencer-Karabiner, den er immer bei sich hatte, und rannte, was das Zeug hielt, zu seiner Weidekoppel.

Als er noch zwanzig Meter von den Kiowas entfernt war, eröffnete er das Feuer auf sie. Sein Sohn Louis, der die Schüsse hörte, kam mit seinem Gewehr aus dem Haus gestürzt und unterstützte seinen Vater. Den Indianern flogen die Geschosse derart um die Ohren, daß sie sich nicht an die Pferde heranwagten und den Rückzug antraten, als von den Feldern noch einige Arbeiter mit ihren Waffen herbeieilten.

Da die Indianer-Zwischenfälle um diese Zeit wieder zunahmen, entschloß sich Kettner, die Farm zu verkaufen und sich an einem sicheren Platz, etwa sechs Meilen von Mason entfernt, niederzulassen. Im Jahre 1901, im hohen Alter, verzog er in die Stadt.

Nach seiner Sheriff-Laufbahn war er im Mason County als Steuerbeamter und Viehinspektor tätig. Die Bevölkerung im weiten Umkreis, ob Deutsche oder Amerikaner, brachte dem aufrechten Mann, der stets für Gesetz und Recht eingetreten war, Respekt und Achtung entgegen.

Franz Kettner starb in Mason am 9. September 1907 im Alter von achtzig Jahren, sechs Tage nach seiner goldenen Hochzeit. Etwa hundert Nachkommen der Kettner-Familie leben noch heute verstreut in Südwest-Texas.

Nachwort

Der Letzte seines Stammes

Der letzte Häuptling der Comanchen war Quanah Parker, ein Halbblut. Quanahs weiße Mutter, Cynthia Ann Parker, geriet 1836 als Neunjährige bei einem Indianerüberfall in die Gefangenschaft der Comanchen. Sie wurde von den Indianern großgezogen und wuchs zu einer schönen jungen Frau heran, für die sich viele Comanchenkrieger interessierten. Unter ihren Verehrern war auch Nokona („Der Wanderer"), ein gefürchteter Kriegshäuptling. Cynthia Ann liebte ihn von ganzem Herzen und gebar ihm drei Kinder, darunter Quanah, der später der beliebte Häuptling der Comanchen wurde.

Bei einem Scharmützel zwischen Comanchen und Texas-Rangern fielen 1860 Cynthia Ann und ihre zweijährige Tochter Little Prairie Flower („Kleine Blume der Prärie") in die Hände der Ranger. Man glaubte, Cynthia Ann wieder an die Vorzüge des zivilisierten Lebens gewöhnen zu können, sah sich aber getäuscht. In den 24 Jahren seit ihrer Gefangennahme durch die Comanchen war sie Indianerin geworden. Sie nutzte jede Gelegenheit, zu fliehen, um zu ihrem Stamm zurückzukehren. Dies gelang ihr aber nicht, da man sie ständig bewachte.

Cynthia Ann Parker verwand die Gefangenschaft nicht. 1864 starb sie aus Gram, weil man ihr die Rückkehr zu ihrem Volk und ihren Kindern verwehrte. Wenige Tage später wurde auch Little Prairie Flower in das Land der Geister gerufen.

Quanah Parker, der letzte große Häuptling der Comanchen, vereinte in sich die Klugheit und den Gleichmut des Indianers mit der Intelligenz und Diplomatie der Weißen. Es gelang ihm, die Weißenhasser in seinem Stamm versöhnlich zu stimmen, und er setzte sich überall für den Fortschritt ein. Als den Comanchen 1887 von der Regierung Land zugesprochen wurde, riet er seinen Stammesbrüdern und -schwestern, guten Ackerboden zu wählen und friedliebende, fleißige Bürger der USA zu werden. Die Comanchen befolgten seinen Rat. Sie suchten sich fruchtbare Parzellen aus und gründeten die Comanchensiedlung Cache am Fuße der Wichita-Berge.

Nie wieder kam es zu Aufständen gegen die Weißen. Heute bestellen die einst so gefürchteten Comanchenkrieger als Farmer ihre Felder und züchten Vieh. Die meisten von ihnen erhielten Land in den Reservationen des Staates Oklahoma.

Quanah Parker starb 1911. Er wurde neben seiner Mutter und seiner Schwester in Fort Sill beigesetzt. Der US-Kongreß und das Fort-Sill-Museum ehrten sein Andenken und das seiner Angehörigen durch die Errichtung mehrerer Denkmäler.

Verträge, Verträge ...

Die Parker-Familie, die heute weit über hundert Nachkommen zählt, begeht jedes Jahr im Juni in den Reservationen von Anadarko in Oklahoma oder in Texas eine große „Family Reunion“, ein Familientreffen mit dem traditionellen „Pow Wow“. Dann werden am flackernden Lagerfeuer Kriegstänze in historischen Kostümen aufgeführt, und es wird über die „große, alte Zeit“ gesprochen, als Quanah Parker und seine Vorfahren noch auf feurigen Mustangs über die Prärie jagten. Man spricht dann aber nicht Englisch, sondern führt alle Gespräche, getreu dem Stammeskodex, in der Sprache der Comanchen.

Während unserer zweiten Reise durch West-Texas erhielten meine Frau und ich von einem Urenkel Quanah Parkers, Monroe Tahmahkera, eine Einladung, ihn in seinem Haus in den

Richland Highlands bei Fort Worth zu besuchen. Er wußte, daß wir mit der Erforschung der Geschichte der Comanchen befaßt waren und Material für ein Buch über seinen Urgroßvater Quanah Parker zusammentragen wollten.

An einem Tag im August fuhren wir nach den Richland Highlands. Monroe Tahmahkera, seine Frau Pat — eine Amerikanerin — und seine drei Kinder empfingen uns sehr herzlich.

Nach einem Dinner — Mrs. Tahmahkera hatte ein paar riesige Steaks gegrillt und diese mit herrlichen mexikanischen Salaten serviert — kam ich mit Monroe ins Gespräch, der Ingenieur für Klimaanlagen ist. In ihrer Freizeit befassen er und seine Familie sich mit der Erforschung seiner Stammesgeschichte.

Im Laufe der Unterhaltung brachte ich das Gespräch auch auf die Friedensverträge der Weißen mit den Comanchen im allgemeinen und auf den Vertrag Meusebachs im besonderen.

„Verträge hin, Verträge her", meinte Monroe Tahmahkera, „waren sie, von ganz wenigen Ausnahmen abgesehen, nicht eine Farce? Dem so viel gepriesenen Friedensvertrag lag, wie jedem gewöhnlichen Geschäftsvertrag, eine gewisse Routine zugrunde: Ein Indianeragent entschied, ob er einen Vertrag mit diesem oder jenem Indianerstamm für wünschenswert hielt. Bejahendenfalls suchte er dann den Stamm auf und machte mit ihm Zeit und Ort aus — irgendwo am Llano, Brazos oder an einem anderen Fluß, meistens in der Nähe eines Handelspostens —, wo man mit Stammesvertretern zusammentreffen wollte. Den Indianern sollten Geschenke überreicht werden. Gleichzeitig trat ein sogenannter ‚Peace Council' oder Friedensrat zusammen, der den Vertrag abschloß.

Bei solchen Anlässen wurden große Mengen Perlen, Beile, Äxte, Spiegel und feine Kämme, die die Indianer besonders liebten, als Geschenke überreicht. Wenn der Rat zusammentrat, waren die Weißen meist in der Überzahl. Neben den Bevollmächtigten kamen eine Kompanie Soldaten und auch einige Texas-Ranger. Warum blieben die Comanchen diesen Vertragszeremonien meistens fern? Sie hatten kein Vertrauen zu den Weißen und wußten von vornherein, daß sie überstimmt wurden. Es waren meist nur wenige Indianer, die erschienen, Abtrünnige, die den Weißen nach dem Munde redeten und glaubten, dadurch Vorteile für sich zu erlangen und Geschenke einzuheimsen.

Wenn beide Parteien, Weiße und Indianer, große Reden geschwungen hatten, von denen man nicht jedes Wort auf die Goldwaage legen konnte, wurde der Vertrag unterzeichnet. Danach wurden die Geschenke verteilt und der Rat aufgelöst. Der rote Mann kehrte in seine Büffelhaut-Zelte zurück, der weiße in seine Blockhäuser; doch keiner glaubte dem anderen, daß er das, was er in dem Vertrag versprochen hatte, auch halten werde."

„Und warum setzte man so wenig Vertrauen in diese Dokumente?" fragte ich.

„Nun, Verträge dieser Art, die nur von Indianeragenten unterzeichnet waren und weder von der Regierung noch vom Senat anerkannt wurden, hatten keinen Wert und wurden mit Recht als Betrug bezeichnet", fuhr Monroe Tahmahkera fort. „Es dauerte dann auch nicht lange, bis solche Vertragswerke wieder gebrochen wurden. Oft kam es schon wenige Tage nach der Unterzeichnung wieder zu Zwischenfällen.

Das soll aber nicht heißen, daß nicht auch amtliche Verträge, die die Indianer mit der Regierung schlossen, gebrochen wurden. Das beste Beispiel liefert ein Freundschaftsvertrag, den die Comanchen im Oktober 1858 mit der US-Regierung schlossen. Der Vertrag war soeben unterzeichnet worden, und die Comanchen befanden sich auf dem Rückweg in ihre Jagdgründe. Als sie in der Nähe der Wichita-Berge lagerten, wurden sie ganz überraschend von vier Kompanien der 2. US-Kavallerie unter Captain Earl van Dorn und etwa 125 diesem treu ergebenen Indianern der Brazos-Reservation angegriffen. Die Comanchen wurden regelrecht überrumpelt und in einem kurzen und mörderischen Kampf fast völlig aufgerieben.

Solche Vorkommnisse bestärkten natürlich die Comanchen in der Überzeugung, daß die Weißen es nur darauf abgesehen hatten, den roten Mann zu täuschen und zu hintergehen, und daß sie auf diesem Gebiet wahre Meister waren. Das Image des weißen Mannes war dahin, und er durfte sich nicht wundern, wenn der Indianer nun in ihre Fußstapfen trat und Gleiches mit Gleichem vergalt."

„Wie stand es aber mit dem Vertrag, den Meusebach mit den Comanchen schloß", warf ich ein, „war er nicht von Dauer?"

Monroe Tahmahkera schüttelte den Kopf. „Es ging nur ein Jahr gut. Solange die Comanchen-Häuptlinge Old Owl und Santana lebten, hielt sich der Stamm strikt an die Abmachungen des Vertrages. Die Häuptlinge hielten die Zügel straff in der Hand, ihre Krieger gehorchten. Als dann aber 1848 eine Blattern- und Cholera-Epidemie ausbrach und neben vielen Kriegern auch die beiden Friedenskämpfer Old Owl und Santana starben, glaubten viele Comanchen, sich nicht mehr an den Vertrag halten zu müssen. Es kam zu den ersten Übergriffen, denen einige deutsche Siedler zum Opfer fielen.

Zur Ehre der Deutschen muß gesagt werden, daß sie sich auch nach dem Tode unserer Häuptlinge an die Vertragsabmachungen hielten, und das trug viel dazu bei, daß es zu keinen größeren Ausschreitungen kam. Mein Urgroßvater Quanah Parker hat den Vertrag mit den Deutschen stets als mustergültig bezeichnet, und ich bin überzeugt, es wäre nur halb so viel Blut in der Geschichte unseres roten Volkes geflossen, wenn man sich auch an die anderen Verträge gehalten hätte.

Wir sollten die Großen der Indianer so sehen, wie sie wirklich waren: nicht als blutrünstige, mordgierige Wilde mit geschwungenem Kriegsbeil, sondern als verzweifelte und mutige Menschen, die sich trotz unzureichender Mittel verschworen hatten, ihre Heimat bis zum letzten Blutstropfen gegen die Landräuber zu verteidigen und, wenn möglich, zurückzugewinnen ..."

Das war die Tragik der roten Rasse: die sie bedrohende Brutalität der weißen Eindringlinge, der Mangel an modernen

Waffen, wie sie die zivilisierten Völker besaßen, und schließlich der Verrat, der aus den eigenen Reihen drohte.

Der rote Amerikaner

In den Vereinigten Staaten gibt es heute 307 als Reservate ausgezeichnete Gebiete. Sie sind unterschiedlich in der Größe und reichen von den kleinen kalifornischen Ranchos bis zur Reservation der Navajos, die 14 Millionen Acre Land zwischen Arizona, Neu-Mexiko und Utah umfaßt. Man zwingt die Indianer jedoch nicht, sich in diesen Reservationen anzusiedeln.

Es gibt zur Zeit wieder über 790 000 Indianer in den USA, von denen etwa 350 000 außerhalb der Reservationen leben. Sie können jederzeit ihre Reservation verlassen und erhalten eine kostenlose berufliche Ausbildung, die sie auf das Leben in den Städten vorbereitet. Etwa 20 000 Indianer haben in den letzten 15 Jahren von dieser Möglichkeit Gebrauch gemacht. Es gibt Schulungskurse für alle Berufe. Auf nicht englischsprechende Indianer wird dabei besonders Rücksicht genommen. Die Lehrer der Indianerbüros erhalten eine gründliche Ausbildung in den Indianersprachen. Ähnliche Schulungsprogramme gibt es in Kanada, wo heute 400 000 Indianer, zum Teil in den 2 351 Reservationen, leben.

Die Regierungen der Vereinigten Staaten und Kanadas sind bemüht, das Unrecht, das den Indianern in der Vergangenheit angetan wurde, wiedergutzumachen und den roten Amerikaner in ihre Gemeinschaft zu integrieren. Daß dies nicht ganz leicht ist und auch nicht immer reibungslos vor sich geht, ist verständlich. Zwei Jahrhunderte lang ist dem roten Mann von den Weißen übel mitgespielt worden. Man raubte ihm das Land, das er seit tausend Jahren bewohnte, und vertrieb ihn aus seiner Heimat, aus den fruchtbaren Jagdgründen, hungerte ihn aus und sperrte ihn schließlich in Reservationen, wo er, auf engem Raum zusammengepfercht, noch heute großenteils ein Leben in Armut fristet.

Von Zeit zu Zeit begehrt der rote Mann auf. Es kommt zu kleineren oder größeren Demonstrationen, mit denen er die US-Regierung auf die Situation in den Reservationen aufmerksam machen und seine Forderungen auf ein menschenwürdiges Dasein durchsetzen will. Oft versucht er es sogar mit Waffengewalt, wie es der Aufstand von dreihundert Sioux im Frühjahr 1973 zeigte, die sich mit Gewehren und Pistolen mehrere Wochen lang in den Blockhäusern von Wounded Knee verschanzten und eine ganze Armee von US-Beamten und Polizisten in Atem hielten.

Kommt es in den Vereinigten Staaten irgendwo zu Indianerdemonstrationen, dann spricht man bei uns allzu gern von „Red Power", der Macht des roten Mannes. Der Ausdruck wurde von „Black Power", der Macht des schwarzen Mannes, abgeleitet, ist aber falsch, da beide Bewegungen voneinander grundverschieden sind. Zu leicht neigt man in Deutschland dazu, beide Strömungen, die der modernen Indianer und die der Neger in den USA, auf eine Stufe zu stellen.

Vergleicht man aber nur einmal die Größenunterschiede, dann stellt man fest, daß es heute (1973), fast 800 000 Indianer in den USA gibt. Die Zahl der schwarzen Bevölkerung liegt jedoch um ein Vielfaches höher: Es gibt zur Zeit mehr als 20 Millionen Neger in den Vereinigten Staaten. Sie stellen tatsächlich eine politische Macht (Black Power) dar, sollten sie einmal revolutionär werden. Daß der schwarze Mann aggressiv ist und im Ernstfall seine Waffen gebraucht, hat er in der Geschichte der USA oft genug bewiesen. Nicht so der moderne Indianer. Er versucht, mit friedlichen Mitteln sein Ziel zu erreichen. Er demonstriert wohl mit der Waffe in der Hand, um seinen Forderungen mehr Nachdruck zu verleihen, er macht aber seit langem kaum mehr Gebrauch von der Waffe.

Bei den Indianern fehlen die kompakten Zusammenballungen wie bei den Schwarzen. Außerdem stellen sie keine undifferenzierte Masse dar wie die Neger, sondern eine große Zahl deutlich geschiedener Kulturen. Die Vielzahl dieser Kulturen ist es auch, die für jede Gruppe, für jeden Stamm die Probleme in einem anderen Licht erscheinen läßt.

Vine Deloria jun., ein Sioux-Indianer, der dem National Congress of American Indians angehört, zeigt in seinem Buch „Indian Manifest" ganz klar den Unterschied zwischen „Black Power" und „Red Power" auf:

„Die Neger sagen, die weiße Welt ist schlecht. Gleichzeitig streben sie aber danach, voll an dieser Welt teilzuhaben. Auch die Indianer sagen, die weiße Welt ist schlecht. Ihr Kampf gilt jedoch der Erlangung der Techniken zur Stärkung ihrer Kraft, um das Überleben ihrer alten Kulturen zu garantieren, während die weiße Kultur, wenn es sie überhaupt gibt, zur Selbstzerstörung verdammt ist."

Ein Indianer vom Stamme der Kiowa sagte zu mir: „Man darf die Black-Power-Bewegung nicht mit den Forderungen des roten Mannes gleichsetzen. Die US-Neger haben keine altüberlieferte Kultur zu verteidigen; sie sind bereits das Produkt einer Kulturzerstörung, die auf das Konto der weißen Welt kommt. Für die Neger gilt es, eine neue Kultur zu gewinnen, für den roten Mann dagegen, eine althergebrachte Kultur zu verteidigen und in die heutige Welt hinüberzuretten.

Wir Indianer sind stolz auf unsere Kultur. Der Weiße aber mißt uns mit den Werten seiner Kultur, nicht an unserer eigenen. Wir lehnen uns gegen diese Mißachtung auf und wollen erreichen, daß man uns endlich als menschliche Wesen anerkennt!"

ZEITTAFEL

1519 Die ersten Europäer betreten texanischen Boden: Alonzo Alvarez de Pineda erkundet mit seiner Expedition einen Großteil der Küste von Texas

1528 Cabeza de Vaca führt die erste europäische Expedition an, die in das Innere von Texas vorstößt

1539 Francisco Vasquez de Coronado führt zwei Jahre ein Expeditionsunternehmen durch den Südwesten von Texas

1685 René Robert Cavelier, Sieur de la Salle landet mit einer Expedition an der texanischen Küste und errichtet eine französische Ansiedlung

1690 In Ost-Texas wird die erste spanische Mission, San Francisco de los Tejas, errichtet

1718 Gründung der ältesten Stadt, San Antonio

1763 Frankreich tritt Louisiana und seine Landrechte in Texas an Spanien ab

1821 Stephen F. Austin bringt die ersten 300 Siedlerfamilien nach Texas

1830 Am 6. April verbietet das mexikanische Gesetz die weitere Ansiedlung von Anglo-Amerikanern in Texas

1835 Am 2. Oktober beginnt in Gonzales der erste Konflikt zwischen Texanern und Mexikanern

1836 2. März: Texas erklärt seine Unabhängigkeit
6. März: Alamo fällt
27. März: Massaker von Goliad
21. April: Schlacht von San Jacinto
14. Mai: der texanische Kongreß tritt zum erstenmal zusammen; Sam Houston wird mit überwältigender Mehrheit zum ersten Präsidenten der Republik Texas gewählt
27. Dezember: Stephen F. Austin, der „Vater von Texas", stirbt

1841 Präsident Sam Houston wird wiedergewählt

1844 2. September: Anson Jones wird zweiter und letzter Präsident der Republik Texas

1845 Am 29. Dezember wird Texas als 28. Staat in die USA aufgenommen

1861 Texas tritt aus der Union aus und am 23. Februar den „Konföderierten-Staaten von Amerika" bei; der Bürgerkrieg beginnt

1865 Der Bürgerkrieg endet am 13. Mai

1870 Am 30. März wird Texas erneut in die Union aufgenommen

Sechs Flaggen über Texas

Im Laufe von vier Jahrhunderten wechselte die Souveränität von Texas achtmal. Während dieser Zeit wehten die Flaggen von sechs Nationen über dem südlichen US-Bundesstaat:

Spanien	1519—1685
Frankreich	1685—1690
Spanien	1690—1821
Mexiko	1821—1836
Republik Texas	1836—1845
USA	1845—1861
Konföderierten-Staaten	1861—1865
USA	1865 bis heute

QUELLENNACHWEIS

Adams, James Truslow: *The Epic of America,* New York 1931

Barker, Eugene Campbell: *The Life of Stephen F. Austin,* Austin 1949

Dresel, Gustav: *Houston Journal,* Austin 1954

Duval, John C.: *Bigfoot Wallace – Texas Ranger and Hunter,* Austin 1947

Eastman, Edwin: *Seven and Nine Years Among the Comanches and Apaches,* Austin 1947

Ehrenberg, Hermann: *With Milam and Fannin,* Austin 1968

Garner, Claud: *Sam Houston – Texas Giant,* San Antonio 1969

Geue, Chester William: *A New Land Beckoned,* Waco 1966

Geue, Ethel Hander: *New Homes in a New Land,* Waco 1970

Haas, Oscar: *The First Protestant Church of New Braunfels,* 1955 und 1965

Jordan, Dr. Terry G.: *German Seed in Texas Soil,* Austin 1966

Klotzbach, Kurt: *Texas 1846,* Austin 1971

Klotzbach, Kurt: *Immigrant's Letter Back Home Tells of 1845 – 46 Hardships in Coastal Cities,* Fredericksburg 1971

Klotzbach, Kurt: *Founder of Rosenthal China Firm in Germany Once Lived in Fredericksburg,* 1971

König, René: *Indianer wohin,* Opladen 1973

La Farge, Oliver: *A Pictorial History of the American Indian,* New York 1956

Lawler, Ruth Curry: *The Story of Castroville,* 1961

Lea, Tom: *The King Ranch,* Boston 1957

Marshall King, Irena: *John O. Meusebach, German Colonizer in Texas,* Austin 1967

Newcomb, W. W.: *The Indians of Texas,* Austin 1961

Penninger, Robert: *Fredericksburg – The First Fifty Years,* Fredericksburg 1971

Ramsdell, Charles: *San Antonio*, Austin 1959
Ransleben, Guido R.: *A Hundred Years of Comfort in Texas*, Austin 1959
Roemer, Ferdinand: *Texas*, San Antonio 1935
Root, Frank A., Connelly, William E.: *The Overland Stage to California — The Pony Express*, New Mexico 1970
Smylie, Vernon: *Taming of the Texas Coast*, Corpus Christi 1965
The Texas State. Historical Association: *The Handbook of Texas*, Austin 1972
Thonhoff, Robert H.: *San Antonio Stage Lines*, El Paso 1971
Tinkle, Lon: *The Alamo — 13 Days to Glory*, New York 1958
Webb, Walter Prescott: *The Texas Rangers*, Austin 1965
Webb, Walter Prescott: *The Great Plains*, New York 1971
Wood, Norman B.: *Lives of Famous Indian Chiefs*, Illinois 1906
Yoakum, H.: *History of Texas*, 1855

Zeitungen und Zeitschriften

San Antonio Express

San Antonio Light

Fort Worth Star Telegram

Fredericksburg Standard

New Braunfels Zeitung

Texas Almanac, verschiedene Ausgaben

The Southwestern Historical Quarterly, verschiedene Ausgaben

BILDNACHWEIS

Sämtliche Fotos und Reproduktionen wurden vom Autor hergestellt, die Reproduktionen mit freundlicher Genehmigung der folgenden Institutionen:

Institute of Texan Cultures, San Antonio

Texas State Library, Austin

Texas State Archives, Austin

Amon Carter Museum of Western Art, Fort Worth

Ihnen und den Genealogen Chester William Geue und Ethel Hander Geue, Fort Worth, Vera Flach-Kapp, Comfort, Redakteur Arthur H. Kowert, Fredericksburg, Redakteur Fred Oheim, New Braunfels, Stanley Smith Detectives, San Antonio, Willie Fuss, Lone Star Brewery, San Antonio, und Charles L. Suehs, Ex-Bürgermeister von Castroville, gilt der besondere Dank des Verfassers.

Dortmund-Lütgendortmund, im September 1973

Kurt Klotzbach